세상은
어떻게
뉴스가될까

생각
하는
돌
06

세상은 어떻게 뉴스가 될까

커뮤니케이션으로서의 뉴스

홍성일 지음 | 어진선 그림

2014년 3월 12일 초판 1쇄 발행
2021년 3월 29일 초판 14쇄 발행

펴낸이 한철희 | **펴낸곳** 돌베개 | **등록** 1979년 8월 25일 제406-2003-000018호
주소 (10881) 경기도 파주시 회동길 77-20 (문발동)
전화 (031) 955-5020 | **팩스** (031) 955-5050
홈페이지 www.dolbegae.co.kr | **전자우편** book@dolbegae.co.kr
블로그 imdol79.blog.me | **트위터** @dolbegae79 | **페이스북** /dolbegae

책임편집 김혜영 | **표지 및 본문 디자인** 박진범
마케팅 심찬식 · 고운성 · 조원형 | **제작 · 관리** 윤국중 · 이수민 | **인쇄 · 제본** 상지사 P&B

ISBN 978-89-7199-594-5 44300
ISBN 978-89-7199-452-8(세트)

세상은 어떻게 뉴스가 될까

커뮤니케이션으로서의 뉴스

홍성일 지음 | 어진선 그림

돌베
개

고개를 들어 세상 바라보기

뉴스 보기가 겁난다고 합니다. 끔찍한 사건·사고, 부정부패, 정치인의 권력 다툼, 어두운 경제 전망, 연예인의 추문과 일탈 등 눈살을 찌푸리게 하는 뉴스가 많기 때문입니다. 차라리 뉴스를 안 보면 속 편하다는 말도 많이 합니다. 편안한 일상이 뉴스 때문에 불편해진다는 말이지요. 하지만 무언가 석연치 않습니다. 뉴스를 안 볼 수는 있지만 뉴스 없는 세상은 상상하기 힘듭니다. 복잡한 현대 사회에서 뉴스 없이 어떻게 세상 돌아가는 소식을 넓고 깊게 알 수 있겠습니까. 타조 증후군이란 말이 있지요. 타조는 위험에 처하면 머리를 땅에 박아 위험으로부터 아예 눈길을 돌립니다. 뉴스 보기가 겁난다는 말을 하는 사람들은 흡사 타조의 잘못된 대처를 반복하는 것은 아닐까요?

겁이 난다는 것 자체가 나쁜 것은 아닙니다. 겁은 생명체의 자연스러운 반응입니다. 겁이 나기 때문에 위험을 피하고 생존할 수 있습니다. 그러나 겁이 난다고 아예 위험으로부터 눈을 돌리는 것만큼은 피해야 합니다. 위험의 진짜 원인을 알아야지요. 뉴스 보기가 겁난다는 것도 마찬가지입니다. 뉴스를 내버려 두는 것은 미봉책에 불과합니다. 물론 뉴스는 어떤 소식을 전하는 매개체처럼 보입니다. 중요한 것은 뉴스가 아니라 일어난 사건이겠지요. 뉴스 보기가 겁난다면 애초 뉴스 속 사건이 일어나지 않도록 하는 일이 중요합니다. 더불어 중요한 것은 '뉴스를 어떻게 볼 것인가'입니다. 뉴스는 이미 일어난 일을 다시 알리는 것에 머물지 않습니다. 수많은 사건 중에서 어떤 사건을 뉴스로 만들지, 더하기와 빼기의 과정이 개입하고, 또 뉴스를 만드는 이의 생각이 알게 모르게 담기기 마련입니다. 그런 이유로 뉴스 속 사건만이 아니라 뉴스 자체를 어떻게 보고 읽을 것인가도 무척이나 중요합니다. 뉴스 보기가 겁나는 이유 중 하나는 우리가 뉴스를 모르기 때문일 수 있습니다. 겁은, 겁이 나는 대상을 너무 잘 알아서 나기도 하지만 반대로 겁이 나는 대상을 너무 몰라서 나기도 합니다. 깜깜한 밤길이 무서운 것은 그곳에 무엇이 있는지 알 수가 없어서지요. 혹은 누군가가 그곳을 깜깜하게 만들어 아예 사람들의 발길이 뜸하게 막은 것일 수도 있습니다. 사람들의 관심을 뉴스로부터, 그리고 뉴스가 전하는 사회로부터 돌리기 위해서요.

『세상은 어떻게 뉴스가 될까』는 우리가 사회를 알게 되는 주요한 수단인 뉴스에 대한 정확한 이해를 돕기 위한 책입니다. 뉴스를 아는 것은 뉴스가 전하는 사회를 아는 일입니다. 그런 이유로 나로부터 사회로 관심을 확장하기 시작하는 이들이 이 책의 주요한 독자입니다. 머릿속으로 중고등학생뿐만 아니라 대학 초년생까지를 염두에 두고 책을 썼습니다. 세상으로 관심을 확장하는 여러분이 이제까지 자연스레 접했던 뉴스 속에 어떠한 작동 원리, 의미, 생산 과정, 유통 과정, 수용 과정이 있는지를 잘 알 수 있도록 노력을 기울였습니다. 어쩌면 익히 알고 있었던 내용일 수 있고 또 어쩌면 조금은 생소한 내용일 수도 있습니다. 그러나 참을성 있게 책을 읽어 간다면 지금까지의 생각과는 다른 시각에서 뉴스를 볼 수 있을 것입니다. 뉴스를 보면서 막연히 품었던 겁의 원인을 꼼꼼하게 살필 수 있는 기회가 될 것입니다. 단순히 뉴스를 읽고 보는 것에서 멈추는 것이 아니라 나라면 어떻게 뉴스를 만들 것인가도 궁리해 볼 수 있을 것입니다.

　책의 각 장은 하나의 완결된 내용을 갖고 있습니다. 처음부터 논의의 흐름을 따라가며 읽기를 권하지만 필요에 따라 어느 장에서 시작하더라도 괜찮습니다. 1장에서는 뉴스를 음식에 비유합니다. 좋은 음식을 먹을 때 몸이 건강한 것처럼 좋은 뉴스를 보게 될 때 좋은 사회가 될 수 있을 것이라 생각합니다. 단지 기자만 뉴스를 만드는 것이 아니라 우리 모두가 뉴스의 주인공임을 살펴볼 것입니다. 2장은 뉴스 속의 고정관념과 편견들, 즉 이데올로기에 대한 이야기를 담았습니다. 뉴스는 기자 개인만의 것이 아니라 우리 사회의 생각이나 상상들의 묶음과 떨어질 수 없다는 것을 알 수 있을 것입니다. 3장은 뉴스 생산 과정 전반을 다룹니다. 기자나 PD들이 어떻게 조직 속에서 뉴스를 고르고 엮는지에 대한 이야기입니다. 이를 통해 방송사나 신문사에서 벌어지는 무대 뒤의 과정, 즉 우리 눈앞에 뉴스가 나오기까지의 전반적인 과정에 대해 알 수 있을 거예요. 4장은 왜 우리 사회에 나쁜 뉴스가 넘칠 수밖에 없는지를 살핍니다. 아예 뉴스가 불량하다고 처음부터 전제하고, 그렇다면 어떻게 하면 좋은 뉴스를 만들 수 있을까에 대한 실천적인 고민들을 담아 보았습니다. 결론에 해당하는 5장은 뉴스를 읽는 우리 자신에 대한 이야기입니다. 음식을 먹는 이가 편식하거나 불량 식품에만 손이 간다면 제 아무리 좋은 음식이 대접되어도 아무런 소용이 없을 것입니다. 뉴스 수용자에 대한 이야기를 통해 어떤 뉴스가 좋은 뉴스가 될지를 살펴보며 뉴스와 우리 사회를 연결시켜 봤습니다.

뉴스는 그 중요성에도 불구하고 점점 젊은 세대의 관심 바깥으로 밀려 나가고 있습니다. 뉴스 하면 떠오르는 것은 엄숙함이지요. 야단치는 것 같고, 자못 심각하며, 골치 아픈 이야기만 하는 것처럼 보입니다. 뉴스를 즐겨 보는 이들도 가만 따져 보니 아버지거나 기성세대인 것 같습니다. 그러다 보니 젊은 세대가 뉴스에 관심을 두지 않는 것도 이해가 갑니다. 나와 동떨어진 이야기를 하는 것처럼 보이거든요. 하지만 바꿔 생각해 본다면 오히려 젊은 세대들이 뉴스를 보지 않기 때문에 여전히 뉴스는 아버지나 기성세대의 이야기만 전하는 것은 아닐까란 생각도 듭니다. 뉴스가 중요하다는 것을 부정할 수는 없습니다. 우리 사회의 모든 이에게요. 문제는 이 중요한 뉴스가 우리 사회의 모든 구성원에게 골고루 돌아가고 있지 않다는 것입니다. 뉴스가 젊어지도록, 뉴스가 나의 이야기를 전해 줄 수 있도록 요청해야 합니다. 뉴스에 대한 관심을 키우는 것은 뉴스를 가까이 곁에 두는 일부터 시작합니다. 뉴스에 대해 말하는 것은 여러분이 우리 사회에 대해 말하는 것과 일맥상통합니다. 그러기 위해서는 우선 뉴스를 잘 알아야 하지 않을까요?

이 책은 여러분이 뉴스와 친해지길 바라는 바람으로부터 시작했습니다. 부디 뉴스에 대한 여러분의 관심이 지금보다 더 커졌으면 좋겠습니다.

2014년 3월
홍성일

※ 차례

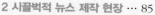

1장

뉴스의
여러
얼굴들

뉴스는 전문 기자가 쓰는 것이다?

『오마이뉴스』(www.ohmynews.com)라는 인터넷 신문이 있습니다. '모든 시민은 기자다'라는 모토와 함께 새로운 천년이 시작하는 2000년에 등장했습니다. 누구나 기사를 쓸 수 있고, 만일 독자가 쓴 기사가 편집자에 의해 뉴스로 뽑히면 『오마이뉴스』에 정식으로 실릴 수 있었습니다. 기사를 쓰는 이를 제한하지 않은 것은 상당한 파격이었습니다. 그 전에는 뉴스가 언론사 기자나 방송사 PD만 만들 수 있다고 여겼지요. 실제로 우리나라에는 1987년까지 **프레스카드 제도**가 있었어요. 국가가 뉴스를 쓰는 기자를 관리하고 국가가 발급하는 프레스카드, 다시 말해 '보도증'을 받은 이들만 기자가 될 수 있었답니다.

그에 비하면 『오마이뉴스』는 개방적이고 민주적입니다. 쉽게 연상할 수 있듯, '오마이뉴스'는 서양인들이 일상생활에서 깜짝 놀랄 만한 일을 겪거나 사건을 접할 때 외치는 감탄사 '오 마이 갓' (Oh! My God)에서 나왔는데요. 뉴스도 그와 같다는 거겠지요. 깜짝 놀랄 만한 일이 우리 주변에 있다는 것, 그래서 "오! 마이 뉴스"라고 외치는 사람이 바로 평범한 우리 자신이라는 의미에서 말입니다. 예를 들어, 내 또래 친구들이 좋아하는 연예인이 바뀐 것도 뉴스가 될 수 있겠고, 매일의 출퇴근 혹은 통학 시간이 서너 시간 걸리는 것도 뉴스가 될 수 있습니다. 앞의 예는 대중문화 트렌드의 변화와 관련된 뉴스이고 뒤의 예는 불편한 도시 거주와 관련된 뉴스지요. 내가 겪은 이야기인 만큼 내가 가장 잘 전할 수 있지 않을까요? '모든 시민은 기자다'란 모토를 갖는 인터넷 신문이 자신의 이름을 '오마이뉴스'로 지은 것은 꽤나 기발하게 보입니다.

『오마이뉴스』를 홍보하려는 의도는 없습니다. 다만 그만큼 뉴스가 우리 일상 속에 있다는 것이고, 뉴스가 보고 읽히는 것만이 아니라, 한 걸음 더 나아가 우리가 직접 쓸 수도, 찍을 수도, 나를 수도 있다는 가능성을 강조하기 위함입니다. 자, 여기서 문제는 흥미로워집니다. 많은 분들이 뉴스는 전문적인 기자나 PD만이 쓰고 찍는 것이라 생각합니다. 글을 잘 써야겠고, 카메라도 능숙히 다룰 줄 알며, 뉴스에 자주 등장하는 우리 사회의 힘 있는 사람과도 가까워야 할 것 같습니다. 틀린 생각은 아닙니다. 그런 경우가 많지요. 그런데 이렇게 뉴스를 바라보는 것은 뉴스의 반쪽만 바라봅니다.

비유하자면, 밥상에 앉아서 TV나 신문이 떠먹여 주는 밥과 반찬을 받아먹는 것입니다. 물론 반찬은 많습니다. 정치, 경제, 사회, 연예, 스포츠, 날씨 뉴스가 밥상에 있고, 편식의 우려는 있겠지만 가급적 골고루 뉴스를 집어먹으면 되겠지요. 하지만 만약 이 반찬이 조미료가 가득 들어간 반찬이거나 원산지가 제대로 표시가 안 된 반찬이라면 어떨까요? 당장의 끼니를 해결하는 데는 지장이 없을지도 모르겠지만, 길게 보면 건강에 안 좋습니다. 실제로 많은 뉴스들이 불량 뉴스이기도 합니다. 자극적이고 출처도 불분명할 때가 많습니다. 여기에 대해서는 뒤에 더 자세히 다뤄 보지요.

그렇다면 어떻게 나쁜 뉴스를 피해야 할까요? 적어도 반찬이 제대로 만들어졌는지, 원산지는 어디인지, 영양은 균형 있게 담겨 있는지 정도는 알아야 하겠지요. 나아가 음식을 직접 만들어도 봐야겠습니다. 보다 맛있는 조리법을 고민해 보기도 하고 손수 웰빙 식단을 꾸며 보는 것도 좋겠습니다. 우리가 뉴스를 적극적으로 바라봐야 한다는 이야기예요. 다시 말해 뉴스가 어떻게 만들어졌는지 꼼꼼히 이해도 해 보고, 가능하다면 우리가 직접 뉴스를 만들어 보기도 하면서 뉴스를 접하자는 이야기지요. 음식을 제대로 알거나 직접 요리하는 게 우리의 건강을 챙기는 일인 것처럼, 뉴스를 제대로 알거나 직접 만드는 것 또한 우리 사회를 건강하게 만드는 길일 것입니다.

세상을 알려면 뉴스를 봐야 한다?

뉴스를 적극적으로 이해하려고 노력할 때 사회가 건강해지고, 사회에 속한 우리 또한 건강해집니다. 과장이 아닙니다. 한번 생각해 봅시다. 사회는 무엇일까요? 여러분은 어떻게 사회를 상상하십니까? 우리는 지역, 세대, 성별, 계층을 아울러 한국인이라는 큰 이미지를 갖고 있습니다. 신기하지 않습니까? 비록 한국의 모든 곳에 가 보지 않았어도, 5천만 국민 모두를 만나지 않았어도, 경제 수준과 학력, 살아온 경험이 달라도, 우리는 우리가 한국인이라는 사실을 의심하지 않습니다.

  그리고 이 한국이라는 공통의 사회 이미지를 갖게 되는 데 뉴스가 중요한 역할을 담당하고 있습니다. 뉴스는 매일매일 무슨 일인가가, 우리가 사는 이곳에서 일어난다고 끊임없이 알립니다. 비록 어제의 뉴스가 오늘과 다르고 오늘의 뉴스가 내일과 다르겠지만, 뉴스가 계속 전해진다는 그 사실은 한국 사회가 연속적으로 이어지고 있다는 느낌을 전해 주기에 충분합니다.

국제 뉴스인 외신은 어떤가요? 외신이란 이름 자체가 이미 우리나라를 다른 나라, 즉 외국과 구분하여 묶어 냅니다. 물가 불안이라든지 경제 성장률을 전하는 경제 뉴스 또한 우리 모두의 공통 살림살이를 그리고 있습니다. 작년에 비해 물가가 4% 올랐다, 올해 경제 성장률은 3.5%로 예상된다는 경제 뉴스는 이미 우리가 한국이라는 하나의 경제 살림살이 속에 있다는 것을 전제하지요. 교육 뉴스도 빼놓을 수 없겠군요. 올해 수능이 예년에 비해 어렵게, 혹은 쉽게 출제된다는 소식은, 뉴스를 접하는 독자가 동일한 관심과 이해를 갖고 있다는 말이기도 합니다.

뉴스를 보면서 우리는 한국이라는 **상상의 공동체**를 떠올립니다. 뉴스를 통해 우리는 한국인이라는 소속감을 갖게 됩니다. 그리고 이런 이유로 적극적인 뉴스 이해는 우리 사회가 과연 무엇인지, 우리는 과연 누구인지를 진지하게 그려 본다는 것을 뜻하게 됩니다. 좋은 뉴스를 접하게 될 때 우리는 우리 사회에 대한 좋은 그림을 그릴 수 있고, 나쁜 뉴스를 접하게 될 때 그만큼 우리 사회를 나쁘게 그리게 됩니다. 따라서 좋은 뉴스와 나쁜 뉴스를 가르는 것은 보다 좋은 사회를 그리기 위해 필수적인 일입니다. 흔히들 세상 돌아가는 소식을 모르는 사람들에게 "뉴스 좀 보고 살아라" 하는 핀잔을 주기도 하는데요. 이는 뉴스를 통해 보다 적극적으로 우리 사회에 관심을 가지란 이야기일 터이고, 이와 같은 관심 촉구는 보다 나은 사회를 만들기 위한 주요한 밑거름이 될 수 있다는 이야기입니다.

상상의 공동체(imaginary community)

가장 작은 공동체 중 하나인 가족을 생각해 봅시다. 그리고 왜 내가 이 가족의 구성원인지 한번 물어보지요. 여러분은 스스로가 어머니나 아버지와 한가족임을 어떻게 알수 있지요? 아마도 유전자를 조사해 과학적으로 검증했기 때문은 아닐 것입니다. 부모님과 비슷한 외모가 증거가 될 수도 있겠지만, 결정적이지는 않습니다. 길 가다가나랑 비슷한 사람을 종종 보거나 보았다는 이야기를 듣곤 하는데, 그들 모두가 내 가족은 아니니까요.

그보다는 가족 사이의 공통된 관습과 기억이 나를 가족 구성원으로서 확인시켜 줍니다. 생일을 챙기고, 식사를 같이하며, 명절날 고향에 함께 내려가는 일 등을 반복하는 가운데, 혹은 결혼, 출산, 입학, 졸업과 같은 인생의 통과의례를 함께하는 가운데, 나또한 가족의 한 사람임을 알게 됩니다.

가족보다 큰 공동체도 마찬가지입니다. 한국 사회로 확장해 보지요. 내가 한국인임을아는 것은 나의 피부색이나 유전자가 한국인의 고유한 특성을 빼다 박았기 때문만은아닙니다. 한국인의 고유한 특징이란 것이 과연 존재하는지도 잘 모르겠군요. 그보다는 광복절, 개천절 같은 국가 기념일이나, 설과 추석 같은 명절이 우리를 한국 사람으로 묶어 주고요. 같은 말을 쓰고 같은 뉴스를 보는 일은 우리가 오늘의 한국 사회에 속해 있음을 알려 줍니다.

이처럼 공동체는 원래부터 고유한 속성으로 묶이기보다는 여러 관습의 반복과 누적을 통해 구성된 것일 수도 있습니다. 당연하고 자연스러운 것이 아니라, 고안되고 만들어지는 것입니다. '상상의 공동체'라는 말은 원래부터의 마땅한 공동체는 없다는것을 알려 줍니다. 더욱이 지금 우리의 공동체가 앞으로 어떻게 상상되는가에 따라 달라질 수도 있음을 의미하기도 하지요.

뉴스는 사실에 관한 것이다?

그런데 제가 뉴스를 설명하며 사용한 '상상의 공동체'란 말과 뉴스가 서로 어울리지 않는다는 생각이 들 수도 있겠습니다. 뉴스는 사실에 관한 것인데, 왜 뉴스에 상상이라는 말을 붙이냐는 것이겠지요. 그렇지요. 뉴스는 **사실**에 관한 것입니다. 뉴스는 허구가 아닙니다. 거짓 뉴스에 자주 "소설 쓴다"라는 비아냥거림을 하는데요. 뉴스의 핵심은 사실이기에, 작가의 상상의 산물인 소설이란 말이 뉴스에게는 가장 큰 모욕입니다. 그럼에도 불구하고 제가 '뉴스를 통해 우리는 상상의 공동체를 그린다'고 말씀드리는 이유는 설사 뉴스가 사실에 관한 것일지라도, 우리는 우리가 접한 뉴스가 사실인지 사실이 아닌지 확인할 길이 없기 때문입니다.

다시 말해, 우리는 사실이 아니라 사실에 관한 **해석**을 받아들입니다. 아주 단순하게 말하자면, 두 가지 차원의 해석일 것입니다. 첫째는 기자가 사실을 어떻게 해석하느냐고, 둘째는 독자가 뉴스를 어떻게 해석하냐지요. 예를 들어 보지요. 저녁 뉴스에 누군가가 맞는 장면이 나왔습니다. 지켜보던 이가 마침 동영상으로 찍었군요. 때린 이는 교사고 맞은 이는 학생입니다. 초등학교에서 벌어진 일입니다. 여기까지는 사실입니다. 하지만 이제부터 뉴스는 해석을 하기 시작합니다. 기자는 '폭행'이란 말을 씁니다. 비슷한 말로 체벌, 구타, 손찌검 등의 말들이 있는데 왜 하필 폭행이란 말을 썼을까요? 아마도 교육적 목적의 체벌이나 부정적 의미가 강한 '구타', 그리고 때리는 정도가 약한 '손찌검'보다는 감정적인 의미를 더한 '폭행'이란 말을 선호한 것 같아요. 기자가 사실을 해석했습니다. 수식어도 붙습니다. "도를 넘은 폭행"이라고 하네요. 그렇다면 이때의 '도'는 누구의 도일까요? 어느 정도의 도가 감내할 만한 도일까요? 그와 같은 도는 기자의 도가 아닐까요? 이렇듯 모든 사실은 기자의 해석을 거쳐 뉴스가 됩니다.

제가 지금 말씀드린 뉴스는 사회적으로 큰 파장을 낳았던 '오장풍 교사' 사건을 재구성한 것입니다. 폭행을 한 교사는 학생을 손바닥으로 때려 날려 버린다고 해서 학생들로부터 '오장풍'이라는 별명으로 불렸다지요. 이 뉴스를 접한 시청자나 독자는 이제 뉴스에 대한 해석을 합니다. '오장풍 교사' 뉴스가 전해지고 이후에 벌어진 교사의 체벌 찬반 논쟁, 교권과 학생인권 사이의 대립은 뉴스에 대한 다양한 해석의 모습을 보여 줍니다. 어떤 사람들은 학생인권을 존중해 교사의 체벌을 금지해야 한다고 생각할 것이고, 또 다른 사람들은 그럼에도 교육적 체벌만큼은 허용해야 하지 않겠냐고 생각하겠지요. 이 또한 사실의 영역이 아닌 해석의 영역입니다. 사실이 있다는 것을 부정하는 것은 아닙니다. 뉴스는 언제나 사실에 근거해야 하고 사실에 근접해야 합니다. 하지만 사실은 언제나 해석되어야만 이야기될 수 있습니다. 그리고 해석은 상상과 생각의 영역 안에 있는 것이지요.

이처럼 뉴스에는 사실과 해석 사이의 깊은 틈이 존재합니다. 뉴스뿐만이 아닙니다. 이는 있었던 일을 다시 이야기하는 모든 **재현**의 숙명이기도 하지요. 재현의 문제는 철학사를 관통하는 오래된 주제이기도 합니다. 철학자 플라톤은 세 가지 인식의 대상을 구분했어요. 이데아, 카피, 시뮬라크르가 그것입니다. 이데아는 완벽한 무엇, 그러나 인간이 근접할 수 없는 무엇이고, 카피는 바로 우리가 세상을 보며 접하게 되는 이데아의 모방물, 재현물입니다. 시뮬라크르는 이데아와 카피의 관계에 들어서지 않는 찌꺼기, 잔여 재현은 다시(再, re) 나타난다(現, presentation)는 뜻인데요. 재현이 철학의 주요한 화두가 된 까닭은 우리가 재현으로부터 결코 떨어질 수 없기 때문입니다. 단적으로 이 책 역시도 재현이지요. 제 생각을, 제가 이 자리에 없음에도 불구하고 여러분께 다시 나타나게 하니까요. 어떻게 이런 일이 가능할까요? 바로 언어가 있기 때문입니다. 언어가 없었다면 우리는 등에다 바구니를 지고, 보여 주고 싶은 사물을 일일이 담아 운반해 사람들 앞에서 꺼내 놓아야 했을지도 모릅니다. 언어가 사물을 대신하기 때문에 우리는 사물을 다시 나타낼 수 있습니다. 더불어 우리 생각의 폭과 깊이도 확장되었고요. 언어를 통해 사물, 논리, 감정, 정보를 재현하고, 이를 통해 다른 이들과도 생각과 정서를 공유할 수 있기 때문입니다. 하지만 문제는 재현이 결코 완벽하지 않다는 점입니다. 나의 행복이나 슬픔과 같은 감정을 제3자에게 완벽하게 재현하기란 불가능하지요. 자주 오해에 직면합니다. 하다못해 '사과'라는 명료한 단어조차도 그 자체로는 세상의 모든 사과를 다 담아낼 수 없습니다. 어떤 이는 풋사과를, 어떤 이는 벌레 먹은 사과를, 어떤 이는 반으로 잘라 씨앗까지 보이는 사과를 떠올릴 수 있습니다. 재현은 이처럼 생각의 폭과 깊이를 확장하는 장점을 갖지만, 동시에 누구에게나 똑같은 사물이나 개념을 다시 보여 주는 것은 아닙니다.

물입니다. 플라톤의 유명한 '동굴의 비유'가 있습니다. 동굴에 갇힌 죄수들이 입구를 등지고 벽을 바라봅니다. 그들이 보는 세계는 벽에 비친 그림자뿐이지요. 그리하여 세상을 벽에 비친 그림자로 이해합니다. 플라톤에게 세계는 단지 이데아의 그림자입니다. 동굴 바깥의 진정한 세계를 인간은 알 수 없다는 것이지요. 우리가 사는 세상은 재현된 세상일 것입니다.

사실과 뉴스의 관계도 이와 같지 않을까요? 뉴스는 사실의 다시-나타남,

재현입니다. 물론 기자는 사실을 최대한 충실히 담으려 하겠지만 앞서 예에서 보듯 사실을 완전히, 똑같이 재현하고 전달하는 것은 불가능합니다. 언제나 해석을 해야 하기 때문이겠지요. 그리고 그 해석의 틀이 투명한 것도 아닙니다. 학생인권을 옹호하는 가치관을 갖는 기자나 독자라면 '오장풍 교사' 사건은 학생인권이 보호받지 못하는 현실을 보여 주는 구조적 일례가 될 것이고, 교권에 보다 큰 가치를 두는 기자나 독자라면 이 사건은 단지 우발적으로 벌어진 일탈적 사례의 하나입니다. 이처럼 플라톤의 철학을 따른다면 우리는 결코 사실을 온전히 알 수 없습니다. 다만 사실에 최대한 근접하기 위해 노력할 뿐이지요.

하지만 요즘 철학계에서는 플라톤의 재현의 철학을 반박하는 움직임이 있기도 합니다. 찌꺼기, 잔여물로 홀대받았던 시뮬라크르를 복원하려 하기도 하고, 이데아와 카피의 재현 관계를 벗어난, 그러니까 우리가 있는 그대로의 날것을 생생히 전달할 수도 있다는 철학적 논리들이 고민되고 있지요. 이러한 인식이 뉴스에 미치는 영향 또한 큽니다. 아마도 서두에 언급한 『오마이뉴스』가 전문적인 기자에 의해 재현된 뉴스뿐만 아니라, 일반 시민에 의해 직접 드러나는 뉴스까지도 아우르려는 것이 여기에 해당하겠지요. 새로운 뉴스의 경향에 대해서는 책의 후반부에서 보다 자세히 다루도록 하겠습니다. 여기서 제가 강조하고픈 것은 뉴스는 사실의 나열만이 아니라는 것입니다. 뉴스는 사실을 재현하는 것이기에, 사실과 재현 사이에는 틈이 있고, 이 틈을 메우기 위해 상상과 해석의 도움을 필요로 합니다.

뉴스가 현실을 바꿀 수 있을까

그런데 이러한 상상과 해석의 결과는 무엇일까요? 우리는 단지 있는 그대로의 사실의 질서를 더 잘 파악하기 위해 상상과 해석을 하는 것일까요? 만일 그렇다면 이 책의 두께는 더 얇았을 것입니다. 제가 뉴스를 보다 풍성하게 논의하려는 것은 상상과 해석이 사실의 질서를 파악하는 것일 뿐만 아니라, 더 나아가 사실의 질서를, 현실을 **변화**하는 힘이기 때문입니다. 우리가 끊임없이 뉴스를 하고, 보고, 듣는 것은, 다시 말해 사실에 끊임없이 상상을 덧붙이고 해석을 추가하는 것은 우리가 사실들의 고정된 질서를 바꾸려 하기 때문입니다. 뉴스를 해석하며, 뉴스로 상상하며 사람들은 앞으로는 무엇이 새로이 일어날 것인가 예측하고, 우리 사회가 어떻게 나아갈 것인지에 대한 변화를 고민합니다. 그런 의미에서 뉴스는 일어난 것에 관한 것이며, 동시에 앞으로 일어날 것에 관한 것이지요.

'오장풍 교사' 사건이 보도되고 교권과 학생인권 사이에 날카로운 대립이 있었다고 했는데요. 그와 같은 대립은 교권을 더 옹호해야 하느냐, 학생인권을 더 존중해야 하느냐에 대한 사회적 변화의 움직임을 낳습니다. 학생인권조례를 만들 것인가 말 것인가를 둘러싸고 벌어지는 첨예한 논쟁은 뉴스에 의한 사회적 변화를 잘 보여 줍니다. 우리는 뉴스로 현실의 문제점을 인식하고, 뉴스에 의해 변화의 지점들을 모색하며, 뉴스를 보며 문제의 해결책을 구합니다. 뉴스를 통해 변화에 대한 욕구가 생기고, 이 욕구는 현실을 바꾸는 행위를 낳으며, 이러한 변화의 모습이 또 다시 뉴스의 대상이 되어 순환합니다.

알바 잔혹사,
십 년째 똑같은…

앵커 편의점이나 가게, 식당을 가 보면 용돈이나 학비를 벌려고 고생고생 일하는 청소년들을 흔히 볼 수 있습니다. 노동의 대가를 정당하게 받고 있을까요? 전혀 그렇지 않았습니다.

2012년 6월 27일 『SBS 8시 뉴스』 「최저임금 물었더니 "나가라"…고달픈 '알바생'」 기사에 대한 앵커의 멘트입니다. 여름방학을 맞아 많은 청소년들이 아르바이트를 계획하는 시점에 맞추어 보도했지요. 뉴스는 청소년들의 열악한 노동 환경과 노동권 침해를 고발합니다. 시청자들에게 청소년 노동을 상상케 하고, 이를 비판적으로 해석하도록 하여 부당하게 청소년의 노동권을 침해하고 있는 현실을 변화시키고자 합니다.

앵커 아르바이트를 하는 청소년들이 부당 대우에 시달리고 있는 것으로 나타났습니다. 세상 물정 모른다고 턱없이 적은 임금을 주는가 하면 야간과 휴일 근무까지 강요하는 업주들이 많습니다.

비슷한 내용이지요? 「청소년 아르바이트 부당 대우 심각」 기사에 대한 『SBS 8시 뉴스』 앵커의 멘트입니다. 그런데 뉴스의 보도 시점이 흥미롭습니다. 2002년 12월 24일의 뉴스예요. 첫 번째 뉴스와 마찬가지로 겨울방학을 앞두고 청소년 노동 실태를 살핀 뉴스지만, 그보다 무려 10년 전에 보도되었지요. 그럼에도 불구하고 두 뉴스의 내용은 거의 유사합니다. 현실은 아무것도 바뀐 것이 없을까요?

살펴보니 지난 10년간 해마다 청소년 노동 실태를 고발하는 기사가 존재했습니다. 우리 사회는 여전히 청소년들에게 정당한 노동의 대가를 지급하는 데 인색했다는 것이지요. 이 변치 않는 현실을 바꾸기 위해 뉴스는 무려 10년 동안 현실을 고발하고 있습니다. 청소년의 노동권 존중을 위해 흘러왔고요. 비록 현실은 변치 않아 보이지만, 의미 있는 변화를 만들어야겠지요. 뉴스는 일어난 것에 관한 것이며, 동시에 앞으로 일어날 것에 관한 것이니까요.

그렇다고 해서 아예 바뀐 것이 없냐 하면 꼭 그렇지만은 않습니다. 2002년의 최저임금은 2,275원이었지만 2012년의 최저임금은 4,580원입니다. 청소년을 많이 고용하는 커피전문점, 주유소, 편의점 등등 몇몇 프랜차이즈 업체들은 정부와 근로조건 준수 협약을 맺기도 했어요. 청소년의 노동권을 존중하겠다고요. 계속된 뉴스의 고발과 감시의 흐름이 없었다면 불가능했을 일입니다. 이렇게 현실은, 짧게 보면 달라진 것은 없지만 길게 보면 조금씩 변화합니다. 뉴스는 우리 사회를 보다 좋은 방향으로 발전시키는 데 일조하고 있습니다. 사회 역시도 뉴스에 맞추어 변화하고요.

가령 많은 청소년들이 방학 때 용돈을 벌기 위해 아르바이트를 하곤 합니다. 그런데 일부 사업장은 청소년들에게 합당한 임금을 주지 않아요. 워낙 일하려는 친구들이 한꺼번에 몰리다 보니 돈을 적게 줘도 일하겠다는 이들이 많고, 또 청소년들은 돈을 더 달라고 하기가 쉽지도 않죠. 사업주는 아르바이트 학생들에게 고압적인 자세를 취하기 일쑤입니다. 하지만 법에서는 청소년이든 어른이든 일을 하게 되면 정해진 임금 이상을 지급하도록 정해 놓았어요. 이를 최저임금이라고 하는데요. 뉴스가 청소년들이 최저임금에 미달하는 임금을 받는다고 고발하면, 사회적으로 이를 개선하려는 움직임이 있겠지요. 개선이 잘되면 그것 또한 뉴스고, 변화가 더디다면 이 또한 뉴스로 다룰 수 있습니다. 그런 의미에서 뉴스는 고정적이고 멈추어 있으며 변형 불가능한 무엇이 아니라, 항상 변화하고 유동적이며 변신하는 생물체에 가깝습니다. 뉴스는 흐름입니다. 방송에서 보는 1~2분 내외의 뉴스나 신문에서 보는 원고지 10여 매 분량의 기사가 뉴스의 전부가 아닙니다. 뉴스는 우리 사회가 어떻게 변화할 것인가와 관련되는 보다 장기적인 흐름과 함께합니다.

우리는 뉴스를 통해 커뮤니케이션을 한다

상상, 해석, 재현, 변화는 제가 여러분에게 뉴스를 이해하는 주요한 열쇠말로 제안하는 것입니다. 뉴스는 사실을 재현하지만 온전히 재현하지 못하기에 해석되어야 하고, 모두가 비슷하게 각자의 뉴스 해석을 공유할 것이라고 상상되어야 합니다. 뉴스는 우리 사회를 그리는 주요한 상수이며, 우리 사회를 변화하는 주요한 변수라 할 수 있습니다.

그런데 네 열쇠말이 꼭 뉴스에만 적용되는 것은 아닙니다. 우리의 일상적인 대화도 이 네 열쇠말로 설명할 수 있어요. 가령 우리는 나의 말이 나의 마음을 온전히 표현하지 못하는 경험을 자주 합니다. 그럴진대, 상대방은 나의 말을 100% 이해할 수 있을까요? 재현의 한계입니다. 그렇다고 대화가 안 되는 것은 아니지요. 끊임없이 나의 마음을 해석해 보다 적절한 말을 찾아야 하고, 듣는 이 또한 말하는 이의 의도가 무엇인지 계속 해석해야 하지요. 그리하여 우리는 어느 정도 서로가 뜻이 통했다고 상상합니다. 이 과정을 통해 말하는 이는 듣는 이의 마음이나 행동의 변화를 이끌어 내지요. 이것이 커뮤니케이션(communication)입니다. 어원으로 간략히 설명하자면 함께(com) 하나 됨(unify)이겠지요. 소통(疏通)이란 말도 자주 쓰는데요. 국어사전을 보니 "막히지 아니하고 뜻이 통함"이라고 나와 있군요. 커뮤니케이션과 큰 차이가 없습니다. 제가 커뮤니케이션을 설명할 수 있는 상상, 해석, 재현, 변화의 네 열쇠말로 뉴스를 이야기한 것은, 뉴스 또한 커뮤니케이션임을 말하기 위해서입니다. 일상적 대화가 1:1의 개인적인 커뮤니케이션이라면 **커뮤니케이션으로서의 뉴스**(news as communication)는 보다 사회적이지요. '함께'의 규모가 사회 전체로 확장된 것입니다.

물론 뉴스를 이해하는 다른 방식이 있습니다. 몇 가지 소개하지요. 어떤 사람들은 드라마, 예능, 다큐멘터리 프로그램에 견주어 뉴스를 텔레비전의 한 장르로 이야기합니다. 텔레비전을 꾸며 주는 여러 프로그램 중 하나라는 것이지요. 또 어떤 사람들은 정기 구독료를 내고 신문을 보거나 가판대에서 돈을 주고 시사 잡지를 사는 것을 강조해 뉴스를 시장에서 구입할 수 있는 여느 물건, 다시 말해 상품으로 이야기합니다. 그렇다면 신문사나 방송사는 뉴스를 제조하는 기업의 하나겠군요. 기자나 PD는 임금을 받는 샐러리맨이 겠고요. 또 언론을 입법부, 사법부, 행정부에 버금가는 제4부에 견줄 수도 있습니다. 이 경우 뉴스는 우리 사회의 주요한 제도 중 하나입니다. 법을 만들고(입법부), 판가름하며(사법부), 집행하는 것(행정부) 못지않게 법을 감시하는 것(언론) 역시 중요하다는 이야기입니다.

　이처럼 다양한 방식으로 뉴스를 이해할 수 있음에도 제가 커뮤니케이션으로서의 뉴스를 제안하는 것은 이 정의가 갖는 몇 가지 장점 때문입니다. 우선 뉴스가 우리의 일상과 함께함을 잘 보여 줍니다. 우리가 매일 커뮤니케이션하듯, 뉴스 또한 우리 생활 깊숙이 자리 잡게 되지요. 이를 통해 뉴스를 보다 피부에 와 닿게 살필 수 있어요. 장르, 상품, 제도의 하나로 뉴스를 한정하게 되면 뉴스는 독자와 무관한 것으로 이해되기 쉽습니다. 그보다는 어떻게 우리는 뉴스에 영향받는지, 뉴스를 통해 우리는 과연 무엇을 하는지를 커뮤니케이션이라는 일상적 개념을 통해 입체적으로 강조하고 싶습니다. 더불어 커뮤니케이션으로서의 뉴스는 뉴스 생산자와 뉴스 소비자 사이의 상호작용을 보다 잘 드러냅니다. 커뮤니케이션은 함께 하나 됨이라고 했지요? 이 '함께'라는 말은 뉴스를 만드는 이와 뉴스를 보는 이를 균형적으로 봐야 한다는 것을 이야기합니다. 또한 '하나 됨'이 무엇을 의미하는지도 잘 살펴야 하지요. 어디까지를 하나로 묶을 수 있는지, 행여나 '하나 됨'에서 벗어나는 이들이 있다면 이들은 과연 누구인지, 아니면 아예 새롭게 창조하는 '하나 됨'을 만들 수는 없는 것인지 보다 꼼꼼하게 살필 수 있습니다. 요약하자면 커뮤니케이션으로서의 뉴스는 뉴스를 보다 역동적이고 실천적이며 입체적으로 바라볼 수 있는 장점을 갖습니다. 그렇다고 해서 장르, 상품, 제도로서의 뉴스가 중요하지 않다는 이야기는 아니에요. 기회가 되는 대로 이 또한 커뮤니케이션으로서의 뉴스를 설명하는 가운데 다루도록 하겠습니다.

처음부터 너무 큰 이야기들을 한꺼번에 쏟아 내지는 않았는지 걱정이 앞섭니다. 하지만 이 과정을 통해 다음과 같은 사실은 확실해졌다고 생각합니다. 뉴스가 함축된 의미를 생각보다 풍부하게 갖고 있고, 저 멀리 떨어져 전문적으로 뉴스를 만드는 이의 손에만 있는 것이 아니라 우리의 생활 한가운데에 단단하게 밀착되어 있으며, 우리 또한 뉴스에 다가갈 여지가 많다는 것입니다. 이와 같은 이해를 바탕으로 다음 장부터는 보다 구체적이고 자세하게 뉴스에 대해 알아보도록 하겠습니다. 우선은 뉴스란 새것(news)이기보다는 실은 오래된 것(oldies)이라는 이야기부터 시작해 보도록 하겠습니다.

2장

뉴스는
우리의 해석보다
느리다

1

여섯 개의 세계

/

연평도 피격 사진을 보시겠습니다

2010년 11월 23일 오후 2시 34분. 휴전선에서 3.4km 떨어진 서해 연평도의 해병대 기지와 주변 민간인 마을이 급작스런 굉음과 함께 화염에 휩싸입니다. 주민과 군인들의 뇌리에 단번에 스쳤을 생각은 '북한의 공격'이었고 전쟁이었습니다. 기습이었고 피해는 컸습니다. 해병대 군인 2명이 사망하고 16명이 중경상을, 민간인도 2명이 사망하고 10명이 다쳤습니다. TV, 신문, 인터넷은 속보를 전했고 국민들은 두려움에 떨었습니다. 아마도 많은 분들이 이날의 뉴스를 잊지 못할 것입니다. 북한에 의한 연평도 피격 사건입니다.

여기서 그냥 지나치지 못할 뉴스가 있습니다. 다음 날의 뉴스 보도입니다. 신문은 사건 발발 직후의 연평도 모습을 전했는데, 흥미로운 점이 있습니다. 『경향신문』, 『동아일보』, 『연합뉴스』, 『조선일보』, 『중앙일보』, 『한겨레』

연평도 피격 사건

2010년 11월 23일 오후 2시 30분경에 북한이 170여 발의 해안포를 서해 연평도에 포격한 사건입니다. 1953년 한국전쟁 휴전 이후 최초의 남한 영토 피격이었으며, 타국의 군사적 포격에 의한 최초의 민간인 희생이었습니다. 이후 한반도는 일촉즉발의 위기 상황을 맞습니다. 서해안에서 한국군의 대대적인 단독 사격 훈련이 실시되었고 북한의 침략을 염두에 둔 한국과 미국의 연합 훈련이 사상 최대 규모로 이루어졌지요. UN에서는 안전보장이사회가 열렸으며 북한의 위협과 경고 역시 계속되었습니다. 이 사건은 한반도의 평화가 남북한 사이에 전쟁이 사라졌기 때문이 아니라, 단지 잠시 전쟁이 멈추었기 때문에 가능했다는 것을 알린 역사적 사건입니다.

를 살펴보겠습니다. 한눈에 보아도 각 신문의 1면 사진 보도는 다릅니다. 몇 가지 가정을 할 수 있겠습니다. 사진을 찍은 시간이 달랐거나, 사진에 찍힌 곳이 다르거나, 동일한 곳을 찍었더라도 사진의 구도가 달라서일 수 있습니다. 하지만 좀 더 꼼꼼히 살펴보면 이런 이유 때문이 아닙니다. 『경향신문』, 『중앙일보』는 같은 사진이라고 생각합니다. 얼핏 달리 보이지만, 깃발의 모양은 같습니다. 『중앙일보』의 사진 폭을 좁히면 『경향신문』에 보도된 사진이 나타납니다. 여기에 시간, 대상, 구도의 차이는 없습니다. 『동아일보』, 『조선일보』, 『연합뉴스』는 다른 사진이지만, 이 세 언론에 보도된 사진만 놓고 본다면 시간, 대상, 구도의 차이가 없습니다. 인물의 배치와 시선이 동일하지요. 『한겨레』 사진은 『동아일보』 등과 약간 다른데, 동일한 인물이지만 약간의 동작 변화가 있습니다. 몇 초의 시차를 두고 같은 장소에서 거의 같은 시간에 동일한 구도로 찍은 사진으로 보입니다. 종합하면 이날 각 신문에 보도된 사진들은 비슷한 시간에 같은 곳을 유사한 구도로 찍었습니다. 그럼에도 불구하고 사진의 색감은 극적으로 달라졌습니다.『연합뉴스』,『한겨레』,『경향신문』의 사진 보도가 상대적으로 건조했다면 『조선일보』,『중앙일보』,『동아일보』의 경우는 보다 생생합니다. 조금 과장해서 말하자면 이정도면 '조작'이 아닐까란 생각이 들 정도입니다. 과연 연평도 피격 사건이 실제로 일어났는지 의심이 들 정도로요.

연합뉴스 2010년 11월 23일   ⓒ 최용문

조선일보 2010년 11월 24일자 '대한민국이 공격당했다'   ⓒ 최용문

처음엔 같은 사진이었는데…

무엇이 이날의 현장을 이렇게 다르게 보도하도록 만든 것일까요? 본격적으로 질문에 답하기에 앞서 언론사의 뉴스 유통 구조 하나를 살펴겠습니다. 바로 **통신사**입니다. 통신사는 비유하자면 언론사들이 뉴스를 사는 도매상입니다. 뉴스를 만드는 언론사가 뉴스를 산다는 것이 이상할지도 모르겠지만 세상 모든 곳의 뉴스를 각 언론사들이 일일이 취재하기는 어려운 일입니다. 그리하여 언론사들은 돈을 나누어 기금을 마련했습니다. 때로는 국가가 기금을 제공하기도 하지요. 이 기금으로 취재가 어려운 곳에서 자신을 대신해 뉴스를 취재할 회사를 설립했고, 오늘날 통신사의 시초가 되었습니다. 흔히 세계 4대 통신사로 영국의 로이터, 미국의 AP와 UPI, 프랑스의 AFP를 꼽습니다. 우리나라의 대표적 통신사로는 연간 수백억 원의 세금이 투입되는 국가기간통신사 『연합뉴스』가 있습니다. 『연합뉴스』는 하루에 약 2,000개의 뉴스를 신문, 방송, 정부 등에 제공한다고 합니다. 그 규모가 어마어마하지요. 연평도 피격 다음 날 각 신문사에 실린 사진 또한 연합뉴스의 사진이었습니다. 사정을 살펴보니, 당시 연평도에 관광을 온 누군가가 찍은 사진을 연합뉴스가 받아 보도했고 이를 각 신문사들이 나누어 가진 것이지요.

하지만 놀랍게도 각 신문사는 같은 사진을 다르게 보도했습니다. 뉴스가 사진을 선호하는 것은 사진 속에는 '조작 불가능한 진실이 있다'는 믿음 때문이지요. 가령 범죄나 사건 현장, 용의자나 관련 인물을 사진으로 담아 두는 일은 증거를 남기고 사실을 객관적으로 기록하기 위해서입니다. 출석부나 주민등록증에 자기 사진을 넣고, 입학식이나 졸업식, 여행을 가서나 생일

파티에서 사진을 찍는 이유도 마찬가지입니다. 사진은 나를 증명하고 그날을 증거합니다. 사진은 객관적 진실처럼 받아들여집니다. 그럼에도 불구하고 연평도 피격을 다룬 이날의 사진 보도는 **사진은 그 자체로 진실한 것**이란 믿음을 배반합니다. 고개가 갸웃거려집니다.

하지만 여기서 잠시, '사진 조작'이란 쉬운 결론을 내리지는 맙시다. 그렇게 되면 우리는 '사실'과 '사실이 아닌 것'이라는 아주 단순한 OX 퀴즈만을 풀게 됩니다. 1장에서 우리는 사실과 해석의 관계를 살폈는데요. 이 사진 조작 역시 같은 관계가 아닐까요? 다시 말해 『연합뉴스』에 최초로 제공된 사진이 사실이었다면, 이후에 신문에서 달리 나타난 사진은 해석이라고 말입니다. '조작'을 한 것도 해석이지만, 조작을 하지 않겠다고 선택한 것 역시 해석입니다. 따지고 보면 사진은 일반적인 믿음과 달리 진실하지 않습니다. 사진을 찍는 이의 해석이 이미 사진에 반영되기 마련이지요. 좋아하는 사람이라면 되도록 밝은 표정의 사진을 찍을 것이고, 싫어하는 사람이라면 화가 났거나 심통이 가득한 표정을 사진 속에 담을 것입니다. 더군다나 요즘은 포토샵을 통해 사진을 '조작'하기가 한결 수월해졌습니다. 찍는 이나 보는 이의 해석에 따라 이미지를 보정합니다. 원래부터도 그렇고 특히 디지털 시대에 들어서며 사진은 그 자체만으로는 진실하지 않습니다.

무엇이 이렇게 다르게 만들었을까

그렇다면 이제 우리는 문제를 보다 정확하게 물을 수 있겠습니다. 연평도 피격 사실에 대해 각 신문사의 해석은 왜 달라졌는가로 말입니다. 저는 이날의 사진 보도에만 좁혀 세 가지 이유를 생각해 봤습니다.

첫째는 눈의 익숙함입니다. 북한이 우리를 공격했다는 앞뒤 맥락에 괄호를 쳐 보고 사진이 보여 주는 것에만 집중합시다. 사진은 '어딘가에 불이 나 연기가 피어오르고 있다'는 사실을 보여 줍니다. 하지만 같은 사실이라도 눈에 더 익숙한 사진은 『조선일보』, 『중앙일보』, 『동아일보』입니다. 『연합뉴스』, 『한겨레』, 『경향신문』 사진이 회색빛 연기로 인해 불이 다 꺼져 가고 있다는 느낌을 준다면, 『조선일보』, 『중앙일보』, 『동아일보』 사진은 짙은 검은 연기와 오렌지색 배경이 어우러져 이제 막 불이 붙었다는 느낌을 전합니다. 우리는 어떻게 불이 타고 꺼지는지를 경험을 통해 잘 알고 있지요. 각 신문사들은 그에 비추어 '어딘가에 불이 나 연기가 피어오르고 있다'란 우리의 느낌에 가깝게 사진을 해석했습니다.

두 번째는 생각의 익숙함입니다. 여기서는 평소 우리가 북한을 어떻게 생각했는가가 중요합니다. 이날의 비극은 우리가 여전히 전쟁 중인 분단국가임을 일깨운 대단히 중요한 사건이었습니다. 1950년의 한국전쟁은 북한이 남침해 빚어진 민족상잔의 비극이었습니다. 우리는 공격받은 피해자이지요. 우리가 어렸을 때부터 받아온 반공 교육에 의하면 북한은 비이성적이고 즉흥적이며 호전적이라 아무런 이유 없이도 남한을 공격하고 호시탐탐 남침 야욕을 드러내는 깡패 국가입니다. 그런데 또 다른 사람들은 이렇게 북한을 규정하면 북한과 대화할 수 없다고 말합니다. 진정으로 남북한이 한 민족으로서 통일을 이루기 위해서는 우리와 동일한 대화 상대자로 북한을 인정해야 한다고 말합니다. 비록 한국전쟁이 남침이었지만 이제는 적개심이 아니라 차분함과 냉정함을 유지한 채 북한을 대해야 한다고 말하지요. 이와 같은 생각 차이가 연평도 피격 사진의 해석 차이를 가져왔습니다. 『조선일보』, 『중앙일보』, 『동아일보』가 감정적이고 우리가 오랫동안 받아 왔던 반공 교육에 충실했다면, 『연합뉴스』, 『한겨레』, 『경향신문』은 보다 차분하고 냉정하게 사실을 바라봅니다.

　세 번째는 상상의 익숙함입니다. 눈의 익숙함이 우리 경험의 익숙함에 근거하여 사진을 다르게 해석하는 것이라면, 상상의 익숙함은 우리가 무언가를 상상하는 방식과 관계 있습니다. 우리는 전쟁을 직접 체험하지 않았음에도 불구하고, 전쟁을 잘 알고 있다고 상상하지요. 무수히 많은 게임, 영화, 드라마가 전쟁을 대신 보여 주었기 때문입니다. 이러한 가상의 전쟁은 우리가 진짜 전쟁을 상상하는 방식이 되었습니다. 전략 시뮬레이션 게임 『스타크래프트』조차도 화려한 그래픽과 폭발 장면으로 우리가 상상하는 전쟁 장면을 구현하고 있습니다. 연평도 피격 사진도 마찬가지입니다. 가령 연평도 피격 소식을 글이나 말로만 접했다고 생각해 봅시다. 그리고 그것을 상상해 봅시다. 아마도 『조선일보』, 『중앙일보』, 『동아일보』의 사진 보도와 가까울 테지요. 하늘은 검은색 연기와 오렌지색 화염으로 휩감겨 있고 바다는 포격의 현장을 묵묵히 반사하는 그런 이미지 말입니다. 반면에 『연합뉴스』, 『한겨레』, 『경향신문』 사진은 전쟁에 대한 우리의 상상과는 거리가 멀어 보입니다. 아무런 설명이 없다면 산불처럼 보이기까지 하네요. 대규모의 전면전보다는 국지전이나 지역 분쟁 같은 느낌을 주고 있습니다.

뉴스를 담는 '익숙함'의 틀

저는 눈의 익숙함, 생각의 익숙함, 상상의 익숙함에 따라 각 신문이 연평도 피격 사건을 달리 해석했다고 봅니다. '익숙함'은 이 세 가지를 관통하는 말이었고요. '익숙함'은 우리가 사건 발생 전에 사건을 알거나 듣거나 보았다는 느낌을 뜻합니다. 물론 연평도 피격은 기습이었고 우리가 준비할 새 없이 닥쳐온 '새것'(news)이었습니다. 하지만 연평도 피격 뉴스와 우리가 뉴스를 이해하는 방식은 이미 '오래된 것'(oldies)처럼 익숙합니다. 갑작스레 나타난 뉴스라기보다는, 우리가 먼저 갖고 있을 해석 속으로 끼어들어 온 것 같습니다.

이것은 연평도 피격 뉴스에만 해당되지 않습니다. 만약 우리가 새것을 맞닥뜨릴 때마다 늘 새롭게 생각한다면 얼마나 불편할까요. 우리는 언제나 익숙함의 **틀**(frame) 안에서 새것을 받아들입니다. 뉴스도 마찬가지겠습니다. 비록 '새것'이란 뜻을 갖고 있지만 뉴스는 우리의 과거 경험에 비추어 만들어지고 해석됩니다. 뉴스는 흐름입니다. 사건은 단박에 나타나지만 사건을 뉴스로 만드는 것, 그리고 뉴스를 보고 이해하는 것에는 과거의 경험, 생각, 상상의 흐름이 필요합니다. 그런데 이렇게 익숙함에 새것을 끼워 넣는 것은, 자연스러울지라도 당연하지는 않습니다. 흐름은 단절의 다른 말이기도 합니다. 아무렇게나 흐르게 할 수는 없지요. 흐름을 만들기 위해서는 방향을 부여해야 합니다. 다른 방향으로는 흐르지 못하도록 하는 물길이 필요합니다. 틀도 마찬가지입니다. 사진의 네모난 프레임 안에 피사체를 넣는 것은 사진 속에 특정한 의미의 흐름을 만드는 일이며, 그와 동시에 사진 바깥에서는 유

기적으로 연결되어 있을 피사체를 프레임 안으로 잘라 내는 일이기도 합니다. 예를 들어 월드컵 거리 응원 현장은 프레임 안에 어떻게 담기느냐에 따라 다른 의미를 내겠지요. 전체 군중을 한 프레임 안에 담게 되면 그날 응원 규모를 알리는 사진이 될 테고, 한 명만을 클로즈업해 환희나 좌절의 표정을 담는다면 한 사람을 통해 그날 응원 분위기를 구체적으로 알 수 있을 것입니다.

다시 우리 이야기로 돌아올까요? 살펴본 바와 같이 『조선일보』, 『중앙일보』, 『동아일보』는 연평도 피격을 비이성적이며 호전적인 북한의 기습 공격과 한반도의 전면적인 전쟁 상황이라는 틀 안에 담았습니다. 반면에 『연합뉴스』, 『한겨레』, 『경향신문』은 북한의 도발을 우발적으로 벌어진 국지적 분쟁으로 좁혀 해석합니다. 뉴스를 만드는 눈의 익숙함, 생각의 익숙함, 상상의 익숙함, 다시 말해 뉴스를 담는 틀이 달랐던 셈이지요. 문제는 여기에서 그치지 않습니다. 이날의 보도를 접한 독자들은 자신의 경험, 생각, 상상 이전에 각 신문사가 의도했던 경험, 생각, 상상 속에서 뉴스를 해석하기 쉽습니다. 그에 따라 각 신문사가 만들어 낸 연평도 피격 뉴스는 다른 현실을 만듭니다. 어떤 이는 북한에 대한 강력한 무력 응징을, 또 다른 이는 과연 북한이 왜 이러한 도발을 감행했는가, 우리는 과연 어떻게 대응하는 것이 합리적인가 한 걸음 떨어져 생각할 것입니다. 『중앙일보』는 연평도 피격 이전인 2010년 5월 24일 「국민이 3일만 참아 준다면」이라는 글을 실었는데요. 기자는 이 글에서 3일이면 북한을 점령할 수 있다고 말합니다. 그럴 수도 있겠지만, 전쟁 발발 후 3일 동안 남북에서 얼마나 많은 사람들이 죽거나 다칠지를 생각하면 끔찍합니다. 그렇다고 해서 우리가 무작정 북한의 도발을 참아야 한다는 것은 아닙니다. 전쟁 이외의 다른 방법도 생각해 보자는 것이지요.

제가 강조하고픈 것은 뉴스가 기대는 익숙함의 방식을 의심해야 한다는 것입니다. 익숙함의 틀에서 벗어나 뉴스를 낯설게 보아야 합니다. 익숙함은 우리의 사고 과정을 단축하는 효율성을 지니지만, 자칫 우리의 사고를 단절하고, 남의 익숙함에 휩쓸려 우리가 우리 삶의 주인이 되지 못하도록 하는 소외감을 낳습니다. 틀 바깥까지 봐야겠지요. 때로는 새로운 틀이 필요할 수도 있습니다. 우리는 이를 **이데올로기** 비판이라 이름 붙일 수 있을 것입니다.

광화문에
왜 하필 이순신 장군이?

서울의 중심 광화문에는 이순신 장군의 동상이 있습니다. 1968년에 세워진 이후 수도 서울의 대표적 랜드마크가 되었습니다. 늠름한 모습은 한국인의 기상과 용기를 보여 주는 것 같습니다. 하지만 모든 이가 같은 생각을 하는 것은 아닙니다. 일례로 러시아에서 태어나 한국에 귀화했고 현재는 노르웨이에서 학생들을 가르치는 박노자 교수는 왜 군인이 무서운 얼굴로, 그것도 뒤로는 청와대를, 옆으로는 각종 정부 부처 청사들을 곁에 두고 광화문 한복판에서 시민들을 내려다보는지 의아해합니다. 국민을 대신하고 섬겨야 할 고위 공무원들이 마치 시민들 위에 군림하여 내려다보는 것 같아 불편하다는 것입니다. 나아가 이순신 장군의 동상은 자칫 군국주의를 당연하게 여기도록 만드는 것은 아닌가란 도발적인 질문까지 던집니다.

조금은 지나친 해석과 상상처럼 보이지만, 아주 틀린 이야기는 아닐 거예요. 이순신 장군을 탓하는 게 아니라, 왜 진즉에 좀 더 평화적이고 친근한 랜드마크를 수도 서울의 중심에 세우지 못했을까란 아쉬움입니다. 러시아인이었다가 한국인으로 귀화한 박노자 교수이기에 우리가 익숙하게 여겼던 것을 낯설게 바라볼 수 있었습니다. 익숙함에서는 얻을 수 없던 발상의 전환이지요. 이처럼 **낯설게 보기**는 우리가 당연하게 생각하거나 자연스레 여겼던 현상이나 논리를 근본부터 다시 생각하는 것입니다. 편견에 치우치지 않고 전체 맥락을 보다 차분하게 되살펴 볼 수 있습니다.

외국인이여만 되는 것은 아닙니다. 낯설게 보기는 원래 연극으로부터 유래합니다. 독일 극작가 베르톨트 브레히트는 관객이 연극에 너무나 몰입한 나머지 전체 주제를 놓치는 것을 우려해 갑자기 배우가 관객에게 "이것은 연극의 일부다"라고 말하거나, 소품이나 무대 곳곳에 관객이 극에 몰입하는 것을 막는 이질적인 장치들을 마련했습니다. 그럼으로써 관객들은 연극으로부터 한 걸음 떨어져 전체 주제에 대해 생각할 수 있는 시간적 여유를 제공받았고, 이를 통해 연극의 전체 주제와의 연관성 속에서 지금 눈앞의 장면의 의미를 되새김할 수 있었지요. 이후 낯설게 보기는 연극뿐만 아니라 다양한 사회적 현상이나 익숙한 믿음을 근본부터 다시 살피는 방법으로 정착했습니다. 이데올로기 비판 역시도 우선적으로는 한 걸음 떨어져 우리의 생각을 낯설게 보는 것으로부터 시작합니다.

2

우리가 세상을 보는 틀

/

이데올로기 비판, 상식의 허점을 찾아라

이데올로기(ideology)란 말이 어려울 수도 있겠습니다. 문자 그대로 풀어 본다면 생각(idea)에 관한 학문이나 논리(logic)겠는데요. 우선은 쉽게, 우리가 대체로 의심하지 않고 받아들이는 생각, 믿음, 상상들의 묶음으로 이해하도록 합시다. 그리고 이데올로기 비판은 이데올로기의 빈 구멍을 찾는 작업으로 이해하면 좋습니다.

예를 들어 보지요. 아들과 아버지가 집을 나섭니다. 오랫동안 아버지가 약속했던 낚시 여행이었지요. 아버지는 그동안 일이 바빠 아들과 놀아 주지 못했던 것이 마음에 걸렸습니다. 차에 캠핑 장비와 낚시 도구를 싣고 교외로 나가는데 그만 고속도로에서 교통사고가 났습니다. 안타깝게도 아버지는 목숨을 잃었고 아들은 크게 다쳤습니다. 구급차가 급히 아들을 응급실로 실어 왔습니다. 그런데 응급처치 하러 온 의사가 갑자기 "내 아들이다"라고 말하며 오열합니다. 어찌 된 일일까요? 아들에게는 아버지가 두 명이었을까요? 아버지의 영혼이 의사에게 빙의한 것은 아닐까란 뜬금없는 상상력까지 발휘됩니다. 답은 병원에 있던 의사가 아이의 어머니였습니다.

제가 많은 사람들에게 이 이야기를 들려 주었는데 단번에 맞힌 사람이 드뭅니다. 그 이유는 여러분의 생각과 상상 속에서 의사는 남성이었기 때문입니다. 아들과 아버지가 집을 나섰을 때, 어머니는 집에 있을 거라 생각했기 때문입니다. 여러분은 은연중에 남성과 여성의 직업, 역할, 책임을 구분했습니다. 남성은 활동적이고 외향적이며 의사, 변호사, 항공기 기장과 같은 전문직일 것으로, 반면에 여성은 정적이고 내향적이며 간호사, 비서, 스튜어디스 같은 보조 업무에 종사할 것이라고 말입니다. 이것은 가부장(家父長) 이데올로기입니다. 풀어 보자면 한 집의 아버지를 으뜸에 놓는 생각이나 상상들의 묶음이지요. 보다 사회적으로 말하자면 남성은 바깥에서 주도적인 일을 할 것이라는 공적인 역할을 부여하고, 여성은 집 안에서 살림을 할 것이라는 사적인 역할을 부여하는 생각이나 상상들의 묶음입니다.

이처럼 이데올로기는 은연중에 우리의 생각과 상상을 사로잡고 있습니다. 여러분은 무심결에 가부장 이데올로기의 틀 안에서 생각했고 '어머니가 의사일 수 있다'라는 당연한 가능성을 놓쳤습니다. 이데올로기는 자연스럽게 우리의 생각과 상상에 스며들어 있지만, 이 작은 일화에서조차도 구멍을 드러내는군요. 그렇다면 이데올로기 비판은 자연스러워 보이는 이데올로기를 낯설게 봄으로써 우리의 현실을 보다 정확히, 치우침 없이 이해하고자 하는 노력일 것입니다.

이데올로기는 공기처럼 주변에 퍼져 있습니다. 강남 혹은 수도권은 세련

상식(Common Sense)

상식은 우리 사회의 구성원이라면 마땅히 알거나 체득해야 할 지식, 지혜, 태도, 정서를 뜻합니다. 지하철에서 노약자나 임산부에게 자리를 양보하는 것, 독도가 대한민국의 영토라는 것, 감기에 걸리면 몸을 따뜻하게 해 주어야 한다는 것 등등은 모두 우리 사회의 상식이지요. 상식을 어긴다고 벌을 받지는 않아도 도덕적 지탄은 피할 수 없을 것입니다. 하지만 상식이 어떻게 만들어졌는가, 상식의 근거는 무엇인가에 대해 묻는다면 쉽게 답하기가 어렵습니다.

이탈리아의 사상가 안토니오 그람시는 상식 속에는 "아득한 석기 시대의 요소들, 한층 진보된 과학의 원리들, 그리고 전 세계적으로 통일된 인류의 자산이 될 미래 철학에 대한 직관 등이 포함되어 있다"고 말합니다. 풀어 쓰자면 과학적으로 검증된 지식으로부터 태고 적부터 내려온 미신에 이르기까지, 온갖 다양하고 복합적인 요소들이 상식을 구성한다는 것이지요. 그럼에도 불구하고 대체로 상식 속에는 평범한 사람들의 지혜가 세대를 통해 전승되어 담겨 있기에 미래를 위한 건강한 자양분이 될 수 있다는 뜻입니다. 상식이란 말이 큰 울림을 갖는 이유입니다. 따라서 큰 틀에서는 상식을 거스르지 않으면서도, 이제는 유효기간이 지나 오늘날에는 맞지 않는 상식에 대해서는, 또 상식이 아님에도 상식으로 치장되는 가짜 상식에 대해서는 비판적으로 바라볼 필요가 있습니다. 상식은 변치 않는 진리가 아닙니다. 상식은 상황과 시간에 맞게 변화되고 재구성되어야 할 것입니다.

된 부자들이 살고 강북 혹은 지방은 촌스럽고 가난한 사람들이 살 것이라는 지역 이데올로기, 흑인은 운동, 춤 등 육체적인 능력이 탁월한 반면에 백인은 지적 능력이 뛰어나 금융업, 학계와 같은 전문직에 종사할 것이라는 인종 이데올로기, 좋은 대학을 나올수록 그 사람은 다른 사람보다 월등한 대우를 받아야 한다는 학력 이데올로기 등등 이데올로기는 도처에 퍼져 있습니다. 그리고 이들 이데올로기의 도움을 받아 우리는 현실을 생각하고 상상하지요.

이데올로기는 **상식**처럼 작동합니다. 남자는 이러저러해야 한다, 여자는 이러저러해야 한다, 강북은 어떻고 강남은 어떻고, 유색 인종은 몸을 쓰는 일을 하는 게 자연스러우며 지방 대학을 나온 사람은 능력이 부족할 것이라고 말입니다. 하지만 강남에 산다고 모두가 부자가 아니고요. 미국의 오바마 대통령은 흑인입니다. 단지 스무 살 남짓까지 공부를 잘했다고 그 사람이 여든 평생 남들보다 높은 대우를 받을 수는 없습니다. 우리는 한평생 배워 나가며 삶 속에서 얼마든지 달라질 수 있습니다.

이데올로기 없이 살 수 있을까

그렇다면 이데올로기 없이 생각하고 상상할 수는 없을까요? 그럴 수만 있다면 현실을 보다 정확히 볼 수 있을 텐데요. 결론부터 말하자면 우리는 이데올로기로부터 자유로울 수가 없습니다. 예를 들어 여러분이 여러분의 어머니를 저에게 알려 준다고 합시다. 음식도 잘하시고 자상하시고 등등의 이야기를 할 것 같은데, 혹시 이것은 여러분의 어머니 자체가 아니라, 가부장 이데올로기 속 어머니의 모습을 말하는 것은 아닌지요. 제가 이렇게 추측하는 데에는 실은 작은 속임수를 썼기 때문입니다. '어머니'라는 말은 가부장 이데올로기로부터 분리될 수 없는 말입니다. '엄마'가 살갑다면, '어머니'는 보다 규범적이지요. 그리하여 제가 '어머니'란 말을 꺼내자마자 여러분의 생각 속에 '어머니'는 이러저러해야 한다는 가부장 이데올로기가 순식간에 나타났을 가능성이 높고, 그에 따라 생물학적으로 여러분을 낳아 주신 그분이라기보다는 가부장 이데올로기로 정형화되고 고착화된 어머니의 이미지를 말하게 되는 것이지요.

이데올로기는 이처럼 단어 하나하나에 깊이 스며들어 있습니다. 말을 사용하는 이상 인간은 언제나 이데올로기에 노출되어 있고요. 어떠한 단어를 **선택**하고 그 단어와 연관되는 다른 단어들이 어떻게 **배열**되느냐에 따라 각기 다른 이데올로기가 불려 나오게 됩니다. 1장에서 우리는 '오장풍 교사' 사건을 살펴보며 왜 기자가 '체벌', '구타', '손찌검', '폭행'이란 말 중에서 '폭행'이란 말을 선택했는지를 살펴보았는데요. '체벌'은 잘못을 벌한다는 뜻을 갖고 있는데, 이 단어는 이미 교권을 학생권보다 중요하게 생각합니다. '구타'나 '손찌검'은 다소간 중립적인 뜻으로 보이지만 사실 이것들도 막연하게나마 폭력을 부정적으로 바라보게 하지요. 반면에 기자는 보다 의미가 강한 '폭행'을 골랐습니다. 선택된 단어는 다른 단어와 함께 배열됩니다. "도를 넘은 폭행"으로 배열되지요. 이 말 속에는 교사는 이러저러해야 한다는, 혹은 교사는 이러저러하지 말아야 한다는 이데올로기들이 담겨 있습니다. 기자는 단어의 선택과 배열을 통해 알게 모르게 이데올로기의 해석 속에서 뉴스를 만들었고, 우리는 대체로 기자의 이데올로기를 따라 뉴스를 읽고 사건을 해석합니다.

그렇다고 말이나 글 대신에 사건 그 자체를 보여 준다고 해도 문제가 달라지지는 않습니다. 가령 제가 여러분의 어머니를 직접 본다고 합시다. 이데올로기는 여기에서도 작동합니다. 저는 아마도 어머니의 옷차림새를 볼 것 같군요. 선택적으로 보는 것입니다. 부티가 나는지, 아니면 누추하신지 보고 그에 따라 교양까지 판단하겠지요. 돈에 따라 사람을 평가하는 이데올로기입니다. 미인이신지 아닌지, 젊으신지 아닌지도 볼 텐데, 이 또한 개인의 능력이나 심성이 아니라 여성을 외모로 평가하는 우리 사회의 가부장 이데올로기입니다. 이렇게 해서 선택된 개별 요소들은 종합적으로 배열됩니다. '40대 중후반의 세련된 옷차림으로 치장한 미모의 학부모'가 완성되는 것이지요. 이처럼 '사물을 바라보는 방식' 역시도 자연스럽다기보다는 미리부터 주어져 있다고 할 수 있습니다. 언어뿐만 아니라 우리의 시각적 상상 또한 이데올로기에 의해 틀 지워져 있습니다.

그렇다면 우리는 다음과 같은 결론을 내릴 수 있겠습니다. 우리가 말이나 글, 시각을 통해 커뮤니케이션하며 공유한다고 믿는 것은 정작 커뮤니케이션하고자 하는 대상 그 자체가 아니라는 것입니다. 실은 우리는 그 대상에 관해 미리부터 우리에게 주어진 이데올로기를 다시 확인하는 것일지도 모릅니다. 연평도 피격에서 반공/민족 이데올로기를, 오장풍 교사 사건에서 교권/학생인권 이데올로기를, 여성을 바라보며 가부장/성 평등 이데올로기를 말입니다. 낯선 것에서 익숙함을 얻는 것이지요. 커뮤니케이션으로서의 뉴스도 예외가 될 수 없을 것입니다. 우리는 새것을 읽고 보지만, 정작 우리가 읽고 보는 것은 이데올로기, 옛것의 익숙함입니다.

이데올로기와 신화

이데올로기 대신 **신화**라는 말도 자주 쓰이곤 합니다. 옛사람들은 천재지변이 일어나면 신이 진노했기 때문이라 생각했습니다. 신의 노여움을 풀 제사를 지내거나 신의 노여움을 일으킬 일들을 금기로 정해 미리 막았지요. 지금에 와서는 허무맹랑해 보일지라도 사람들은 이 신화 덕택에, 설명이 불가능했던 천재지변을 그들 나름의 방식으로 이해했습니다. 이데올로기도 마찬가지입니다. 이데올로기는 우리가 현실을 생각하고 상상할 수 있게끔 도와주는 현대의 신화이니까요.

예를 들어 보지요. 애플의 창업주 스티브 잡스가 2011년 비교적 젊은 나이에 유명을 달리했고 언론에서도 이를 많이 다루었습니다. 언론은 그가 천재였고 노력가였으며, 그의 혁신과 창의성 덕분에 우리는 큰 혜택을 받았다고 전합니다. 하지만 이 뉴스가 스티브 잡스의 성공을 온전히 설명할까요? 이것은 성공 신화입니다. 애플에는 스티브 잡스 외에도 뛰어난 인재들이 있었고 이들의 도움이 없었으면 스티브 잡스 개인의 성공도 없습니다. 애플의 제품에는 삼성이나 엘지의 부품도 사용됩니다. 중국 등지의 저렴한 제3세계 노동력이 뒷받침되었기 때문에 아이패드나 아이폰의 가격이 내려갈 수 있었습니다. 언론은 사건에 얽힌 복잡한 요인들을 세세히 설명하기보다는 손쉽게 한 개인의 열정, 노력, 천재성과 같은 성공 신화로 갈무리합니다. 여기에 박지성, 서태지, 안철수 등 다른 성공한 이들의 이름을 넣어 보세요. 크게 어색하지 않습니다. 언론이 보도한 스티브 잡스의 이야기는 스티브 잡스의 성공을 정확히 전한다기보다는 우리가 생각하고 상상하는 성공의 이데올로기(개인의 근면성, 창의성, 천재성) 속에 스티브 잡스를 끼워 넣습니다. 악인도 마찬가지입니다. 김정은, 오사마 빈 라덴부터 개똥녀, 된장녀 등등 우리가 악인의 이미지를 덧씌우는 대상을 떠올려 보세요. 이들은 대체로 감정적이고 즉흥적이며 호전적으로 묘사되기 일쑤입니다. 이 또한 우리가 복잡한 세상을 단순화시켜 이해하고자 하는 이데올로기의 효과일 것입니다.

이데올로기는 거짓이 아니다

오해하지 않았으면 좋겠습니다. 저는 지금 이데올로기가 나쁘다는 말을 하려는 게 아닙니다. 재현의 불가능성에도 우리가 커뮤니케이션을 잘하고 있다고 생각하거나 상상하는 데에는 이데올로기의 도움이 있습니다. 현실을 제대로 담을 수는 없지만, 그나마 이데올로기 덕분에 불완전하게나마 생각하고 상상할 수 있는 것입니다. 또 이데올로기는 거짓이 아니에요. 이데올로기가 거짓이었다면 이렇게까지 우리의 생각과 상상이 이데올로기에 의하여 좌지우지되지는 않았을 것입니다. 단언컨대, 사실과 일치하지 않는 이데올로기는 없습니다. 실제로 강남에 세련된 부자가 많이 살고 백인이 전문직에 더 많이 진출하며 남자가 여자보다 더 공적인 역할을 많이 수행합니다. 다만 사실의 일부만을 보여 주면서 그것이 마치 사실의 전부인 양 작동하기에 이데올로기를 보다 꼼꼼하게 살펴야 하는 것입니다.

그리고 이데올로기를 낯설게 보아야 하는 보다 실제적인 이유는, 이데올로기가 단순히 머릿속에만 남아 있어서 우리의 상상, 해석, 재현의 수준에서만 작동하지는 않기 때문입니다. 이데올로기는 머리 바깥의 실제 현실에도 효과를 미칩니다. 물질적 세계를 변화합니다. 성경 창세기를 보면 하나님께서 "빛이 생겨라!" 하고 말씀하시자 빛이 생겼다는 구절이 있는데요. 유사하게, 우리가 어떠한 이데올로기를 받아들이고, 그 이데올로기에 따라 어떻게 생각하고 상상하며 실천하느냐에 따라 우리네 현실이 만들어집니다. 예를 들어 '일류 대학을 나온 사람들이 기업에서 일도 잘할 것이다' 라는 학력 이데올로기는 체계적으로 비일류 대학을 나온 사람들을 사회 활동에서 배제합니다. 기업은 일류 대학 출신자들을 중심으로 선발하고, 그렇게 해서 선발된 이들이 또 다시 자기 동문 후배를 뽑지요. 그럼으로써 다른 대학을 나온 사람들은 공정하게 기업에서 일할 기회를 박탈당합니다. 그들이 아무리 업무 능력이 뛰어나도 물음표가 붙습니다. 조금만 실수를 해도 "역시나…" 하는 편견이 뒤따릅니다. 월등한 성과를 보여 주어도 '운이 좋아서'란 꼬리표가 붙습니다. 실제의 능력 여부와 상관없이요. 이데올로기는 현실을 바꾸고, 그에 맞추어 바뀐 현실은 이데올로기를 재차 강화합니다.

다시 뉴스로 돌아오겠습니다. 연평도 피격 뉴스로 이 장을 시작했습니다. 연평도 피격 뉴스는 북한이 연평도를 공격했다는 사실 그 자체를 알렸다기보다는 언론의 반공 이데올로기나 민족 이데올로기가 우리 안의 반공 이데올로기나 민족 이데올로기를 일깨운 뉴스였습니다. 반공 이데올로기는 공산주의 국가인 북한은 호시탐탐 남한을 공산화하기 위해 무력 도발을 일삼는다는 이데올로기일 터이고, 민족 이데올로기는 남북한은 한 민족으로서 대화와 타협을 도모해 통일을 이루어야 한다는 이데올로기일 것입니다. 그에 따라 『조선일보』, 『중앙일보』, 『동아일보』는 북한의 공격성을 강조했고, 『한겨레』와 『경향신문』은 보다 차분히 사건을 보도했겠지요. 그리고 그에 따라, 우리는 북한의 연평도 피격에 대해 각기 다른 현실적 대응을 했을 것입니다. 애초 자신이 갖고 있던 반공 이데올로기나 민족 이데올로기를 다시금 강화하면서 말입니다. 뉴스는 현실을 그대로 담는 데 머물러 있지 않습니다. 이데올로기는 뉴스를 틀 짓고, 뉴스는 기존의 이데올로기를 강화합니다. 그에 맞추어 현실은 변화하고요.

이데올로기는 권력과 뗄 수 없다

하지만 여기서 문제는 우리가 자기 의지에 따라 선택적으로 상황에 맞추어 이데올로기를 받아들이는 게 아니라는 점입니다. 대체로 현실에서 큰 **권력**을 갖고 있는 집단의 이데올로기가 보다 널리 사회에 퍼지게 되고, 이로 인해 각 이데올로기가 현실에 미치는 효과에 차이가 생깁니다. 이미 기득권을 가진 남성의 가부장 이데올로기, 백인의 인종 이데올로기, 강남 중심의 지역 이데올로기, 명문대 출신자의 학력 이데올로기가 다른 여러 이데올로기 중 우리 사회의 **지배 이데올로기**가 되며, 그 흐름이 자연스럽게 보이도록 우리 사회가 구성된다는 이야기입니다.

더군다나 권력을 가진 이들은 효과적으로 이데올로기를 전달할 수 있는 다양한 수단들까지 갖고 있습니다. 가령 해마다 봄이 되면 기업과 노동자들 사이의 임금협상이 벌어집니다. 한 해 동안 기업이 많은 이윤을 얻었다면, 그 성과를 일군 노동자도 이윤을 나누어 가져야 합니다. 핵심은 분배의 정도입니다. 하지만 어느 누가 기꺼이 자신의 몫을 남에게 내주겠습니까. 협상은 치열

🔍 권력(power)과 지배 이데올로기

권력의 가장 단순한 정의는 'A가 B의 의사와 상관없이 A가 원하는 바를 이룰 수 있는 능력'입니다. 힘으로 상대방을 제압하는 것이 대표적이지요. 벌을 주거나 위협하여 A가 원하는 바를 얻습니다. 꼭 물리력이나 폭력을 쓸 필요는 없습니다. A가 돈이 많다면 더 수월하게 자신이 원하는 바를 이룰 수 있습니다. 자본권력입니다. 돈이 없을지라도 정책을 결정할 수 있는 책임자 자리에 있다면 역시나 높은 권력을 지닙니다. 정치권력입니다. 영적으로 큰 영향력을 행사할 수도 있습니다. 종교권력입니다.

권력을 행사하는 이의 입장에서 가장 이상적인 상황은 굳이 말을 하거나 행동에 옮기지 않더라도 사람들이 알아서 권력자의 의도를 충족시켜 줄 때입니다. 권력자의 이데올로기가 사회에 널리 확산되고 스며들어 다른 이데올로기를 지배하는 이데올로기로 떠오를 때겠지요. 그런 이유로 대체로 한 사회에서 큰 권력을 지녔던 사람들은 그 시대의 이데올로기도 지배하려 했습니다. 우리 사회의 지배 이데올로기가 무엇이냐를 따지는 일은 그러므로 누가 우리 사회에서 가장 많은 권력을 쥐고 있냐를 묻는 일입니다. 그리고 어떻게 이 권력을 보다 평등하게 나눌 것인가의 문제와도 떨어질 수 없습니다.

해지고 때로는 과격해지기 마련입니다. 이를 봄의 투쟁, 춘투(春鬪)라고 하지요. 힘이 약한 노동자들은 협상력을 높이기 위해 조직을 만들고, 하던 일을 멈추는 파업을 벌이기도 합니다. 이는 결코 불법적인 것이 아닙니다. 헌법에서도 보장한 노동자의 기본 권리 중 하나입니다.

그런데 생각해 보세요. 많은 언론이 파업에 대해 부정적으로 보도합니다. 대중교통 파업으로 시민들이 불편을 겪고 있다, 파업으로 수출에 빨간불이 켜졌다, 노동자들은 이미 고임금을 받고 있다 등등은 우리가 자주 접하는 봄의 뉴스입니다. 이들 뉴스들이 담고 있는 이데올로기는 '작은 이익을 위해 큰 이익을 희생해서는 안 된다'는 것이지요. 이것은 누구에게 유리한 이데올로기인가요? 현실에서 보다 많은 권력을 갖는 기업인의 이데올로기일 것입니다. 더군다나 기업인은 자신의 이데올로기를 더 잘 알리기 위해 더 자주 언론과 만납니다. 『매일경제』와 『한국경제』와 같은 경제 전문 신문은 기업과 보다 가깝습니다. 성공한 기업인들은 더 자주 뉴스에 노출됩니다. 기업인은 큰돈을 들여 법률 회사로부터 법적 자문도 받고 자신에게 유리한 광고를 미디어에 더 많이 내보낼 수 있습니다. 심지어 기업인들의 모임인 전국경제인연합은 중고등학교 교과서 『경제』를 만들어 자신들에게 유리한 내용을 미래의 시민, 미래의 노동자들에게 오래전부터 가르쳐 왔고요. 노동자들이 파업을 벌이기에 앞서 이미 여론은 노동자들에게 불리하게 조성되고 있습니다.

현실에서 권력을 더 많이 가진 이들이 언론, 법, 미디어, 교육 등 사회 전 분야에 걸쳐 자신의 이데올로기를 전파할 수 있는 수단을 더 많이 가지거나 더 수월하게 접근할 수 있습니다. 이를 통해 그들의 이데올로기가 우리 사회의 지배 이데올로기가 됩니다. 여론이 되고 그에 맞추어 현실이 구성되며 변화합니다. 이데올로기는 사회를 바꾸고, 바뀐 사회는 이데올로기를 더욱 강화하는 되먹임이 발생하지요. 이 와중에 사회적 약자의 이익과 그들의 이데올로기는 눈 밖에 나거나, 우리의 현실 속에서 사라질 가능성이 높습니다. 어떤 경우 사회적 약자는 자신이 속한 집단의 이데올로기가 아니라 다른 집단의 이데올로기 속에서 현실과 마주하는 상황에 처하기도 하고요. 강북에 살며 강남을 동경하거나, 여성이면서도 남성에 의존하는 여성을 당연

시하고. 노동자이면서도 다른 노동자의 파업에 대해서는 부정적으로 바라
보는 것처럼 말입니다.

3

뉴스와 사회를 잇는 끈

언론사는 저마다 독특한 입장이 있다

뉴스는 가장 강력한 이데올로기 수단입니다. 사실 가장 탁월한 이데올로기는 자신이 이데올로기임을 알리지 않는 가운데, 그리고 우리가 이데올로기라고 눈치채지 못하는 가운데 스며들 것입니다. 뉴스는 사실을 전달한다는 그 이유로 인해 낯설게 보기가 어렵습니다. 사실의 일부일지라도 사실은 사실이니까요. 뉴스 속의 이데올로기가 무척이나 자연스러워 보이는 까닭입니다. 물론 뉴스는 공정하고 정확하고 객관적이어야 합니다. 기자는 사실에 가깝게 다가가도록 성실하게 취재하고, 사건의 다양한 면을 입체적으로 전해야 합니다. 그럼에도 이상과 현실, 이데아와 카피 사이에는 차이가 있습니다. 우리가 1장에서 살펴본 재현의 불완전성으로 인해, 그리고 이번 장에서 살펴본 이데올로기의 개입으로 인해 뉴스는 사실을 온전히 전할 수가 없습니다. 뉴스 이전에 이미 이데올로기가 존재하고, 그에 따라 뉴스는 특정한 틀에 담기게 됩니다. 더욱이 현실의 권력관계가 뉴스에도 영향을 미칩니다. 기자 한 명만이 아닙니다. 연평도 피격 사건은 각 신문에 따라 달리 해석되었습니다. 이것은 기자뿐만 아니라 각각의 언론사들이 독특한 이데올로기적 입장을 갖는다는 것을 보여 줍니다.

흔히들 『조선일보』, 『중앙일보』, 『동아일보』를 묶어 **조중동**이라고 부르곤 합니다. 이들 세 신문이 이데올로기적으로 유사한 모습을 보이며, 동시에 전체 신문 시장에서 차지하는 비율이 60%에 육박하고 있다는 것을 보여 주기 위해 사용하는 말입니다. 2011년에는 조중동이 대주주로 참여하는 TV조선, JTBC, 채널A 등의 방송까지 생기면서 이들은 더 큰 권력을 획득했습니다. 반면에 『한겨레』와 『경향신문』은 방송 채널도 없고, 전체 신문 시장에서 이 둘이 차지하는 비율은 채 10%도 되지 않습니다. 우리는 각각의 언론사 중 현실의 권력관계에서 앞서 있는 조중동의 뉴스, 조중동의 이데올로기에 영향받을 가능성이 높은 셈이지요. 실제로 연평도 피격 사건 후 이루어진 **여론** 조사에서 약 65%의 국민들이 북한에 대한 군사적 대응을 지지했는데요. 이는 조중동이 반공 이데올로기의 틀을 통해 연평도 피격을 호전적이고 비이성적인 북한의 기습 공격과 전면적인 전쟁 상황으로 보도한 것과 관계가 있을 것입니다.

말이 나온 김에 『연합뉴스』도 한번 살펴보지요. 서두에 한국의 대표적 통신사로 『연합뉴스』를 말씀드렸는데요. 아무래도 세금이 투입되는 만큼 정부의 눈치를 보게 됩니다. 밉보였다가는 다음 해 예산이 삭감될 수 있지요. 어떤 정부가 나라를 운영하느냐에 따라 『연합뉴스』의 이데올로기와 논조가 달라질 수 있겠습니다. 세계 4대 통신사도 맥락은 다르지만 사정은 비슷합니다. 세계 4대 통신사는 미국, 영국, 프랑스의 통신사입니다. 비록 국가로부터 직접적으로 지원을 받고 있지는 않지만, 이들 통신사는 서구 강대국들의 통신사입니다. 아무래도 서구 선진국의 이익과 그들의 이데올로기에 따라 국제 뉴스를 만들 가능성이 높지요. 이들 통신사의 뉴스를 받아 보는 우리 또한 서구의 눈으로 세계를 보기 마련이고요. 가령 우리는 아프리카 나름의 문화보다는 그들의 기아와 내전 상황에, 서구 선진국의 어두운 면보다는 그들의 합리성과 성숙에 익숙하지 않나요? 뉴스에는 이처럼 현실의 권력관계가 담길 가능성이 매우 높습니다. 이미 현실 속에서 큰 권력을 지닌 이들의 이데올로기를 통해 뉴스가 만들어지고, 그에 영향받아 특정한 집단에 유리한 여론이 형성되곤 합니다. 이를 개선하려는 여러 조직적인 노력들에 대해서는 4장에서 보다 자세히 다루겠습니다.

다만 여기서 강조하고픈 것은, 뉴스는 지배 이데올로기가 사회에 확산되는 유력한 수단이라는 점입니다. 뉴스가 강조하는 공정성, 사실성, 객관성이 실은 뉴스의 이데올로기(뉴스 안에 담겨 있는 이데올로기적 내용), 이데올로기의 뉴스(뉴스가 갖게 되는 이데올로기적 성격)를 가리는 알리바이일 수 있다는 점입니다. 물론 그렇다고 해서 기자가 추구하는 공정성, 사실성, 객관성을 모두 허울이라고 치부하는 것은 목욕물을 버리려다 아이까지 버리는 일이겠지요. 이러한 이상은 자주, 뉴스의 이데올로기나 이데올로기의 뉴스를 누그러뜨리는 효과를 내기도 합니다. 분명한 것은 뉴스의 공정성, 사실성, 객관성을 그대로 믿는 것과, 뉴스를 이데올로기로 인식하며 뉴스의 공정성, 사실성, 객관성을 따지는 일은 매우 다르다는 점이지요. 그냥 길을 걷는 것과 길을 알고 걷는 것의 차이처럼 말입니다.

우리는 뉴스를 곧이곧대로 받아들이지 않는다

여기서 한 가지 궁금한 대목이 있습니다. 이데올로기가 이토록 강력하다면 여론은 왜 갈리는 것일까요? 100% 똑같은 여론은 없습니다. 우리는 때때로 뉴스가 현실을 왜곡한다는 느낌을 받곤 합니다. 다시 말해, 뉴스를 곧이곧대로 믿지 않는 경우가 종종 발생합니다. 뉴스가 사실과 부합하지 않아서가 아닙니다. 그랬다면 그 뉴스는 오보(誤報)고 언론사는 손해배상이라든지 정정 보도를 통해 거짓 보도에 대한 책임을 져야지요. 그보다는 뉴스가 무언가 우리가 마주하고 있는 세상과는 다른 이야기를 전하고 있다는 느낌에 대한 이야기입니다. 여론이 갈린다는 것은 마치 의사가 환자에게 **주사를 놓는 것**처럼 뉴스가 독자와 시청자에게 직접적으로 효과를 내지는 않는다는 것을 뜻합니다. 뉴스의 이데올로기를, 이데올로기의 뉴스를 거스르는 독자와 시청자가 존재합니다.

다시 파업 뉴스를 보지요. 저는 파업을 부정적으로 보도하는 뉴스를 보더라도 대체로 파업하는 노동자의 편을 들곤 합니다. 버스나 지하철이 파업해 시민들이 불편을 겪는다고 해도 불편을 참으려고 하고요. 수출에 빨간불이 켜졌다고 해도 기업들의 엄살이겠거니 생각합니다. 노동자들이 이미 많은 돈을 받고 있다고 해도 좀 더 받으면 어때서란 생각을 하는 편입니다. 심지어 뉴스는 자주 기업인을 편들며 현실을 왜곡한다고까지 생각합니다. 현실 속에서 큰 권력을 가진 기업인의 이데올로기가 우리 사회의 지배 이데올로기이고, 많은 경우 이를 따라 뉴스가 만들어지지만, 노동 이슈에 대한 저의 뉴스 이해는 제가 자라온 환경이자 제가 속한 집단인 노동자 편에서 정반대로 해석됩니다. 눈치채셨겠지만 저는 근로자란 말 대신에 노동자란 말을 쓰고 있습니다. '근로자'(勤勞者)는 부지런히 일하는 사람이란 뜻이고 '노동자'(勞動者)는 힘들게 일하는 사람이란 뜻입니다.

어떤 이유 때문인가 생각해 보니, 이것은 저의 이데올로기이기 때문입니다. 저는 노동자에 우호적인 이데올로기를 갖고 있습니다. 제 자신이 노동자이기 때문이고, 저의 아버지와 어머니가 노동자였기 때문입니다. 월급을 주는 사람의 입장보다는 월급을 받는 사람의 입장에서 생각하는 데 더 익숙합니다. 부지런히 일하는 사람은 월급을 주는 사람들이 좋아하는 사람들이지요. 하지만 월급을 받아야 사는 사람들에게 일은 언제나 고된 것입니다. 개인의 이데올로기를 만드는 데 동료 집단과의 대화도 빼놓을 수 없습니다. 친구, 가족, 멘토 등등과 뉴스에 대해 이야기하고, 이 과정을 통해 뉴스에 대한 나름의 해석을 내리지요. 뉴스와 나 사이에는 많은 중간 단계들이 있는 셈입니다. 꼭 주변인들과의 대화로부터만 영향을 받는 것은 아닌데, 가령 김제동 씨 같은 유명인이 쌍용자동차 구조조정에 대해 "쌍용을 잊지 맙시다! 우리 모두가 약자가 될 수 있음을 잊지 맙시다"라고 쓴 트위터 글들도 잠재적으로는 노동 이슈에 대한 판단을 내리는 근거가 되기도 합니다.

종합한다면 개인이 자라온 환경, 그가 속한 동료 집단, 사회의 여론 지도층(opinion leader)의 뉴스 해석이 개인의 뉴스 해석에 영향을 미칩니다. 뉴스가 오로지 제 홀로 독자의 뉴스 해석을 결정하는 것은 아니라는 점입니다. 뉴스의 이데올로기나 이데올로기의 뉴스는 개인의 이데올로기나 이데올로기의 개인과 충돌합니다. 당연하지요. 세상에는 하나의 이데올로기만 존재하지는 않을 테니까요. 세상이 많은 집단으로 나누어져 협력하거나 갈등하고 아니면 아예 서로에게 무심하듯, 각 집단과 그에 속한 개인 또한 여러 이데올로기와 협력하거나 갈등하고 아니면 아예 무심할 수 있습니다. 개인은 수많은 이데올로기의 교차점이라 할 수 있지요. 그중에는 지배 이데올로기와 충돌하거나 이를 거스르는 **대항 이데올로기**(counter ideology)도 있기 마련입니다. 대항 이데올로기의 존재는 뉴스에 담긴 지배 이데올로기와는 다른 방식의 뉴스 읽기가 가능하다는 것을 뜻합니다. 뉴스의 생산과 뉴스의 소비 사이에는 큰 차이가 있습니다.

여기서 우리는 지배 이데올로기와 대항 이데올로기의 관계에 따라 크게 세 가지의 뉴스 읽기를 생각해 볼 수 있습니다. 우선은 지배 이데올로기에 따른 뉴스 읽기가 있을 것입니다. 대부분의 경우가 그러하겠지요. 지배 이데올로기는 다른 이데올로기보다 더 많이 우리에게 노출되어 있고, 더 강력한 이데올로기적 수단을 갖고 있으며, 그에 맞추어 우리의 생각과 상상도 틀 지워지기 쉽습니다. 신문이나 방송에 나온 이데올로기의 뉴스나 뉴스의 이데올로기를 그대로 따르는 방식, 주사를 맞은 것처럼 뉴스 내용이 직접 뉴스 해석으로 바뀌는 방식이 **지배적 읽기**입니다.

또 다른 방식은 **저항적 읽기**입니다. 이것은 지배적 읽기의 정반대겠지요. 파업을 부정적으로 보도하는 뉴스에 대해 제가 보여 준 태도가 한 예가 될 것입니다. 산에 터널을 뚫는다거나 바다를 메워 산업 용지를 넓히고 자연을 개발해 경제성장을 도모해야 한다는 개발 이데올로기의 뉴스를 접하는 생태주의자들도 이에 대하여 저항적 읽기를 할 것입니다. 큰 권력을 쥔 사람들의 편에 언론이 노골적으로 서서 그들의 통제를 따르는 독재국가에서도 뉴스에 대한 저항적 읽기가 많을 것입니다.

마지막으로 세 번째는 **타협적 읽기**입니다. 여기에서는 지배적 읽기와 저항적 읽기가 섞여 있지요. 가령 파업에 부정적인 뉴스를 보고 이를 그대로 따라 파업이 시민들을 불편하게 하거나 국가 경제성장에 장애가 된다고 받아들이면서도, 정작 자신이 파업을 하는 상황에 맞닥뜨리면 예외를 인정하는 사람들의 뉴스 읽기일 것입니다. 타협적 읽기를 하는 사람들은 상황과 맥락에 따라 유동적으로 이데올로기를 받아들일 가능성이 높습니다. 크게 보면 지배 이데올로기를 따르겠지만, 그렇다고 대항 이데올로기에 완전히 닫혀 있는 사람도 아니거든요. 지배 이데올로기와 대항 이데올로기는 타협적 읽기를 하는 이들을 자신의 이데올로기로 끌어들이기 위해 치열한 경쟁을 펼칠 것입니다.

좋은 이데올로기, 좋은 뉴스

결론적으로 뉴스는 다양한 이데올로기들의 경연장이라 할 수 있습니다. 현실의 권력관계가 복잡한 만큼, 현실을 담는 뉴스 또한 다양한 이데올로기들을 함께 다룰 수밖에 없습니다. 아무래도 지배 이데올로기가 많이 담기는 모양새긴 하지만 대항 이데올로기가 아예 차단되는 것은 아닙니다. 때때로 뉴스는 지배 이데올로기에 도전하는 대항 이데올로기의 분출구가 되기도 합니다. 뉴스 속 노동자가 매번 부정적으로 묘사되는 것은 아니지요. 뉴스 속 기업인이 언제나 긍정적으로 그려지는 것도 아니랍니다. 어떻게 보면 우리와의 협상에 따라, 그리고 여론의 흐름에 따라 뉴스는 사실의 서로 다른 면을 보여 주는 것일 수도 있습니다.

그러므로 현실을 보다 정확히 이해하기 위해서는 뉴스를 겹쳐 보아야 합니다. 이것은 뉴스 각각에 담겨 있는 이데올로기들을 따져 보는 일뿐만 아니라, 여러 다양한 언론사의 뉴스를 비교하며 읽을 필요성을 보여 줍니다. 연평도 피격 뉴스를 우리가 겹쳐 보았듯이 말입니다. 앞서 조중동을 언급하면서 이들 언론사가 이데올로기적으로 유사하며 신문 시장의 과반수를 차지한다고 했는데요. 그와는 또 다르게 진보적 이데올로기를 담는다고 평가받는『경향신문』과『한겨레』를 함께 읽는 것은 우리가 뉴스를, 우리 사회를 보다 입체적으로 이해하는 데 큰 도움을 줄 것입니다.

그런데 이 대목에서 이런 질문도 가능하겠군요. 다양한 이데올로기를 겹쳐 보는 것에서 한 걸음 더 나아가, 어떤 이데올로기가 더 좋은 이데올로기인지 판단할 수는 없겠냐고 말입니다. 그럴 수만 있다면 겹쳐 읽기의 수고를 조금은 덜 텐데 말입니다. 네, 맞습니다. '우리는 이데올로기부터 자유롭지 않다'에서 머무를 게 아니라, 무엇이 더 좋은 이데올로기인지 골라내야 합니다. 물론 어떤 이데올로기도 현실을 온전히 담을 수는 없습니다. 현실과의 불일치는 필연적입니다. 그렇다고 해서 현실과 최대한 닮을수록 더 좋은 이데올로기가 되는 것은 아닙니다. 가령 남성이 가장을 맡는 경우가 많고, 여성보다 더 많은 사회적 활동을 남성이 하고 있으니, 현실과 닮아 있는 가부장 이데올로기가 더 좋은 이데올로기라고 말할 수는 없겠지요.

좋은 이데올로기의 판별 기준은 양적이라기보다는 질적입니다. 성경을 보면 아흔아홉 마리의 양을 놔두고 한 마리 길 잃은 어린 양을 찾는 양치기가 나옵니다. 아흔아홉 마리의 양이 하찮다는 게 아니지요. 그럼에도 양치

기가 한 마리 어린 양을 찾는 것은, 이를 통해 나머지 양들에게 그들이 언젠가 위험에 처하게 될 때, 포기하기보다는 지금처럼 너희를 찾아 나서겠다는 믿음을 주기 때문입니다. 양치기는 하나를 버리고 아흔아홉 마리를 취하기보다는, 하나를 통해 전체 양을 얻을 수 있었습니다. 좋은 이데올로기도 그와 같다고 생각합니다. 현실의 권력관계에서 이미 보호받고 있는 다수의 편에 서기보다는 사회적 약자, 소수의 편을 듦으로써, 우리 모두에게 보편적인 권력을 누릴 권리가 있다는, 그들 또한 우리와 하나가 될 수 있다는 믿음을 주는 이데올로기 말입니다. 좋은 이데올로기는 현실의 불평등한 권력을 자연스럽게 받아들이기보다는, 그로부터 배제된 이들의 편에 서서 그들뿐만이 아니라 우리 모두가 최대한 평등한 권력을 누릴 수 있는 현실을 상상하는 이데올로기여야 할 것입니다. 혹은 우리 사회에 불균등하게 나뉘어 있는 권력을 자연스럽게 보기보다는, 거기에 최대한 물음표를 붙이며 이를 개선하려는 의지를 불러일으키는 이데올로기여야 할 것입니다.

좋은 뉴스도 마찬가지겠지요. 뉴스가 사회적 약자에 자주 귀를 기울이고 이들을 감싸 안으려는 노력을 하는 이유가 여기에 있습니다. 물론 뉴스는 여전히, 그리고 구조적으로 지배 이데올로기에 영향받을 가능성이 높습니다. 어떤 의미로 지배 이데올로기는 우리 사회를 하나로 묶어 주는 생각이나 상상일 수가 있습니다. 예를 들어 '한 민족, 한 핏줄'은 우리 사회를 묶어 주는 가장 강력한 이데올로기입니다. 하지만 다문화 가정에게 이 이데올로기는 얼마나 불편할까요. 다른 '하나 됨'이 필요합니다. 뉴스는 사실의 일부를 전달하기에 가장 탁월한 이데올로기적 수단이 되면서도, 동시에 사실의 어느 부분을 다루느냐에 따라 다양한 이데올로기들을 불러낼 수 있는 잠재성을 갖습니다. 다문화 가정에 대한 뉴스들은 어쩔 수 없이 '한 민족, 한 핏줄'이라는 지배 이데올로기를 거스를 수밖에 없습니다. 물론 이 또한 '된장국이나 김치찌개를 먹어야 우리 민족이다'란 식으로 또 다른 지배 이데올로기의 뉴스가 될 수 있습니다. 아니면 그들이 된장국이나 김치찌개를 먹지 않더라도 우리와 마찬가지로 국민이 될 수 있고, 한국 사회는 다인종 사회로 바뀌고 있다는 대항 이데올로기의 뉴스가 될 수도 있지요. 여하튼 다양한 이데올로기의 존재는 다양한 '하나 됨'과 다양한 뉴스가 만들어질 수 있음을 알려 줍니다. 이들의 긍정적 잠재성을 현실 속에서 꽃 피우려면 많은 이들의 노력이 뒤따라야 합니다. 뉴스를 만드는 이들뿐만 아니라 뉴스를 읽는 우리 자신의 노력까지도요. 좋은 뉴스를 만들기 위한 사회적 노력을 말하는 것입니다. 이와 관련한 여러 실천들에 대해서는 4장에서 더 살피겠습니다.

지금까지 이데올로기를 통해 뉴스를 바라보았습니다. 조금은 추상적인 내용이 많아 이해하기가 버겁지 않았을까 걱정이 됩니다. 변명을 하자면 뉴스를 이해하는 일은 우리 사회를 이해하는 일과 분리될 수 없기 때문이었습니다. 이데올로기를 고리로 해서 사회와 뉴스가 함께 맞물리거든요. 사회가 복잡한 만큼 뉴스도 복잡할 수밖에 없습니다. 뉴스는 사회와 동떨어져 혼자 힘으로 굴러가는 것이 아니었지요. 아무래도 큰 이야기를 하다 보니 구체적으로 뉴스를 이해하는 데는 한계가 있었을 것입니다. 다음 장에서는 보다 직접적으로 뉴스를 만드는 기자나 PD가 어떻게 사건을 취재하고 이를 뉴스에 담는지를 살펴보도록 하겠습니다. 방송 뉴스와 신문 뉴스의 차이, 취재원과 기자의 관계, 언론사 내부 조직에서 일어나는 협력과 갈등 관계에 대해서도 들여다볼 수 있을 것입니다. 우리가 TV나 신문에서 접하는 완성된 뉴스의 이면에 관한 이야기입니다. 상대적으로 이번 장보다는 손에 잡히는 이야기를 할 수 있을 것 같군요. 보다 생생한 뉴스 제작의 현장으로 여러분을 안내합니다.

3장

뉴스는 우리가
보는 것보다
깊다

1

언론사는 기자보다 힘이 세다

/

"MBS 아무개 기자입니다"

세상에는 많은 직업이 있습니다. 그중 기자는 다른 직업과는 조금은 달라 보입니다. 일반적으로 우리가 사고파는 상품은 물건을 만든 사람이 잘 드러나지 않잖아요. 복잡한 생산·유통 과정이 사라진 채, 어느 날 갑자기 눈앞에 나타납니다. 누가 만들었는지 모를 상품을 구입하며, 누가 살지도 모를 상품을 만들며 살아갑니다. 사람들의 세계가 물건들의 세계로 뒤바뀌지요. 오늘날 자신을 표현하는 가장 좋은 방법 중 하나는 자신의 몸에 걸친 시계, 가방, 구두 등의 상품을 드러내는 것입니다. 세상살이가 삭막하다고 하는데, 그 이유 중 하나는 사람이 상품에 밀렸기 때문이지요.

하지만 기자는 달라 보입니다. 통신사의 예에서 살펴보았듯이 뉴스도 상품입니다. 통신사는 언론사나 공공기관에 뉴스를 팝니다. 신문사는 독자에게 구독료를 받고, 방송사는 수신료를 받거나 광고주에게 방송 시간을 팔아 뉴스를 만들지요. 그럼에도 뉴스 상품에는 뉴스를 만든 이가 마치 도장을 찍은 것처럼 박혀 있습니다. 신문 뉴스는 기사 속에 기자의 이름을 함께 넣고, 방송 뉴스는 어김없이 "어느 방송사 아무개 기자입니다"라는 멘트로 끝을 맺습니다. 기자는 자신의 상품(뉴스)에 이름을 거는 셈입니다. 뉴스의 내용 자체도 사람에 관한 이야기가 많아요. 인터뷰는 사람의 속내를 끌어내야 하고, 뉴스는 누가(who), 언제(when), 무엇을(what), 왜(why), 어디서(where), 어떻게(how) 했는지를 밝혀내야 합니다. 뉴스는 사람들의 관계를 추적합니다. 우리는 뉴스를 통해 오늘 우리가 사는 대한민국이라는 상상의 공동체를 그립니다. 그러므로 여느 직업과는 차별되는 기자, 그리고 이들이 만든 상품인 뉴스는 우리가 여전히 사람 사는 세상에 살고 있음을 일깨워 주고 상상케 해 주는 중요한 사회적 제도라 할 수 있습니다.

그래서일까요? 뉴스에 관한 학문을 **저널리즘**(Journalism)이라 합니다. 여타의 다른 학문, 가령 정치학(politics), 사회학(sociology), 경제학(economics) 등이 제 이름에서 사람의 흔적을 비워 낸 것에 비해, 저널리즘엔 여전히 사람, 다시 말해 저널리스트의 흔적이 남아 있습니다. 온라인 백과사전 위키피디아에서 '저널'을 찾으니 제일 첫 뜻이 "매일의 사건에 대한 기록"으로 나오더군요. 저널리스트는 사람들 사이의 일을 기록하는 자, 기자(記者)일 터이고, 이들의 구체적 실천, 관행, 사회적 효과를 연구하는 학문이 저널리즘일 것입니다. 아마도 이 책을 읽는 여러분 중 많은 분들이 한 번쯤 기자의 꿈을 가져 보았을 텐데요. 혹시 그 꿈 안에는 창조적이고 자율적인 직업을 갖고 싶다는 마음이, 우리 사회를 좀 더 사람 사는 세상으로 만들고픈 마음이 담겼던 것은 아니었을까 조심스럽게 추측합니다.

기자가 이름보다 방송사를 먼저 말하는 이유

그런데 이처럼 뉴스를 기자의 개인 생산물로 바라보는 것은 관심의 시작으로는 좋지만, 깊이 있는 뉴스 이해에는 걸림돌이 되기 쉽습니다. 물론 기자의 활약은 중요합니다. 뉴스에 기자의 이름을 더하는 관행은 책임감의 표현이며, 기자에 따라 뉴스 품질이 달라질 수 있다는 자신감의 반영입니다. 언젠가 폭설이 내렸을 때 오랜 시간 눈을 맞아 눈사람이 되어 뉴스를 전한 박대기 기자가 화제가 되었는데요. 뉴스 현장을 지키는 기자를 무리하게 강조하려다 생긴 촌극이었지만 시청자들의 반응은 좋았습니다. 기자의 개성을 볼 수 있었거든요. 하필 이름도 기다린다는 뜻의 '대기'였습니다. 또 '민완 기자'라는 말도 있는데요. 민완(敏腕)을 풀이하면 재빠른 팔입니다. 뉴스의 중심에 기자를 놓고, 부지런함과 성실함을 기자의 으뜸 가치로 놓는 칭찬의 말입니다. 그런 이유로 많은 텔레비전 뉴스에서 기자들은 경쟁적으로 무언가를 체험하더군요. 해병대 훈련도 마다하지 않고 직접 오물을 손으로 들어 올리기도 합니다. 사건의 목격자로 기자를 설정하고, 이를 통해 기자가 전하는 뉴스의 신뢰도를 높이려는 연출 방식 중 하나겠지요.

그러나 여기서 현혹되지 말아야 할 점은, 기자는 방송 뉴스의 끝에 제 이름보다 방송사를 먼저 말한다는 것입니다. 신문 뉴스도 비슷합니다. 우리는 대체로 신문사를 보고 신문을 구독하지 기자의 이름을 따르지 않습니다. 어떤 경우에는 기자가 속한 언론사를 문제 삼아 취재를 거부하기도 합니다. 일례로 지난 2008년 여름, 서울 광화문에서는 미국산 쇠고기 수입 반대 촛불 시위가 거의 매일같이 열렸습니다. 당시 몇몇 언론사 기자들은 시위에

참여한 시민들의 인터뷰를 얻기가 무척이나 어려웠습니다. 해당 언론사의 뉴스가 현실을 제대로 담지 못한다는 불만 때문이었습니다. 일부 시민들은 아예 특정 언론사의 기자들을 거칠게 내쫓으며 몸싸움까지 벌였습니다. 현장을 지켜야 할 기자가 그 혹은 그녀가 속한 언론사 탓으로 현장에 다가가지 못하는 모습은 꽤나 비극적이었습니다. 그 반대도 마찬가지겠지요. 자신의 의견을 알리려 모인 사람들이 자신의 의견을 들어줄 사람들을 내쫓아야 하는 상황도 비극적이기는 매한가지입니다. 이것은 뉴스의 책임이 단순히 기자 한 사람에게만 있지는 않다는 것을 알려 줍니다. 뉴스 제작 이면에는 뉴스의 조직적 차원이 있습니다. 기자는 언론사에 속해 있고 언론사는 기자에게 영향을 미칩니다. 기자는 뉴스를 만들지만, 이 뉴스는 언론사의 조직적 산물이기도 합니다.

2장이 이데올로기 개념을 통해 뉴스의 사회적이고 해석적인 차원을 살폈다면, 이번 장은 기자 개인을 넘어서는 뉴스의 조직적 차원을 살핍니다. 우리에게 최종적으로 전해진 뉴스의 겉에는 기자와 뉴스가 한 몸처럼 붙어 있지만, 뉴스의 속, 다시 말해 우리에게 잘 드러나지 않는 뉴스 제작의 전 과정에는 기자와 언론사의 유기적 관계가 놓여 있습니다. 이를 지나치고 뉴스의 저자를 기자 한 사람으로 두는 것은 뉴스 속에 자리 잡은 기자와 언론사 사이의 조직적 관계를 가리는 효과를 낳습니다. 일종의 신화이자 이데올로기지요. 뉴스는 해석되어야 하는 것과 마찬가지로, 미디어 속에 담겨 가공되어야 합니다. 언론사와 기자 사이에서 벌어지는 협력, 갈등, 공모와 같은 권력관계가

미디어화(mediatization)와 미디어 논리(media logic)

이솝 우화 중에 저녁 식사를 초대한 여우와 두루미의 이야기가 있습니다. 평소 사이가 안 좋았는지 여우가 두루미를 초대했을 때는 접시에다 수프를 담아 두루미를 당혹스럽게 했고, 두루미가 여우를 초대했을 때는 호리병에다가 수프를 담아 여우가 곤란했지요. 이솝 우화의 교훈은 서로의 차이를 존중해야 한다는 것이겠지만, 저는 이 이야기가 미디어화와 미디어 논리에 대한 훌륭한 사례라고 생각합니다.

여우와 두루미를 시청자나 독자로, 수프를 뉴스로, 그릇을 미디어로 바꿔 봅시다. 뉴스라는 훌륭한 음식을 시청자나 독자에게 대접하기 위해서는 그냥 날것으로 전할 수는 없습니다. 미디어라는 그릇에 담아야 하지요. 신문이나 잡지라면 종이가, 방송이라면 텔레비전이나 라디오가 그릇이겠군요. 이처럼 사건을 미디어 속에 옮겨 뉴스로 만드는 일을 **미디어화**라고 말합니다. 미디어 속에 담겨야 비로소 우리는 세상을 이해할 수 있습니다. 그런데 문제는 미디어화가 미디어 나름의 논리를 따른다는 것입니다. 호리병은 주둥이가 긴 두루미에게 꼭 맞는 그릇이었습니다. 접시는 혀로 핥아야 하는 여우에게 최적화된 그릇이었고요. 동일한 음식일지라도 어떤 그릇에 담기느냐에 따라 먹는 방법이 달라집니다. 조리 방법도 달라져야 할 거고요. 이처럼 **미디어 논리**는 뉴스를 만들고 먹는 방법을 바꿉니다.

텔레비전과 신문의 차이를 비교해 보지요. 화재 사건이 발생했고 이를 미디어화했다고 생각해 봅시다. 텔레비전은 시각적으로 화재 규모와 소방관의 분투를 보여 주는 데 집중할 테고, 신문은 화재의 이유를 논리적으로 설명하거나 피해 규모를 산술적으로 알리는 데 더 주력할 것입니다. 텔레비전과 신문의 미디어 논리가 같은 사건을 다른 뉴스로 만드는 것이지요. 정치인의 인터뷰는 어떨까요. 텔레비전이라면 정치인의 얼굴과 표정, 몸짓이 중요하게 부각될 것이고 신문은 그 혹은 그녀가 썼던 말의 자극성에 더 민감하게 반응하지 않을까요? 뉴스는 어떤 미디어에 담겨 어떤 미디어 논리를 따르는가에 따라 시청자나 독자에게 다르게 다가갑니다.

뉴스에 영향을 미칩니다. 나름의 미디어 논리가 뉴스 속에 있다고 할 수 있습니다. 이를 지나친다면 당장 2008년 여름에 볼 수 있었던 일부 언론사에 대한 시민들의 반감을 설명할 수 없을 것입니다. 마찬가지로 어떤 미디어 조직이 시민들로부터 사랑받을 수 있는가에 대한 논의도 차단될 것입니다.

뉴스를 대량으로 만드는 조직

이 대목에서 한 가지 짚고 넘어가야 할 부분이 있습니다. 조직의 역할에 대한 강조가 혹시, 누구나 만들고 나누며 소비할 수 있는 커뮤니케이션으로서의 뉴스 개념과 서로 충돌하는 것은 아닐까요? 결론부터 말씀드리면 꼭 다른 이야기는 아니라는 생각입니다. 사실 상품으로서의 뉴스는 상품에 직접적으로 사람이 더해진다는 점 말고도 굉장히 독특한 성격을 지닙니다. 일반적인 상품은 수요에 맞추어 한정된 자원을 가공해 공급하지만 뉴스는 달라요. 정확한 수요를 예측하기 힘들 뿐더러, 뉴스를 만들기 위한 대표적 자원 중 하나는 사건에 대한 해석력이지요. 해석은 뉴스를 만드는 과정에서 독점될 수도 없고 닳아 없어지지도 않습니다. 모든 이들이 누구나 갖는 커뮤니케이션 능력이니까요. 다만 해석의 양과 질, 그리고 해석의 전달은 다를 수 있겠지요.

언론사가 뉴스를 상품화하는 지점이 여기입니다. 아무리 부지런한 이라도 세상 모든 사건을 다룰 수는 없습니다. 최대한 빠짐없이 뉴스를 다루려면 각자의 영역을 할당하고 분업해야 할 필요성이 있고요. 자칫 기자 개인의 시야로 좁혀 해석할 수 있는 사건을 조직적으로 내려다보는 가운데, 언론사는 뉴스의 질을 높일 수 있습니다. 뉴스의 전달은 어떨까요? 덩치가 큰 언론사는 **대중매체**를 소유합니다. 방송사는 전 국민에게 뉴스를 전달하는 방송 채널을 가지며, 신문사라면 신문이 있지요. 조직에 대해서는 이번 장의 후반부에서 보다 더 자세하게 살피겠지만, 여기서는 목청과 확성기의 차이라고 이해합시다. 대중매체는 확성기처럼 보다 멀리, 보다 크게, 보다 신속히 뉴스를 전할 수 있습니다. 뉴스를 고르고 엮으며 나르는 데 있어서는 언론사나 개인이나 동일하겠지만, 그 규모와 깊이, 유통력에 있어서는 언론사가 개인보다 월등하게 앞섭니다.

2

시끌벅적 뉴스 제작 현장

/

왜 이것은 뉴스지만 저것은 뉴스가 아닐까

이제부터는 본격적으로 언론사가 어떻게 차별적으로 뉴스를 고르고 엮고 나르는지를 살펴보도록 하겠습니다. 일단, 수많은 사건 중에서 무엇이 뉴스가 될 수 있는지부터 살펴야 하겠군요. **뉴스가치**에 대한 이야기입니다.

저널리즘 격언 중에 '개가 사람을 무는 것은 뉴스가 되지 않지만, 사람이 개를 물면 뉴스가 된다'라는 말이 있습니다. 모든 뉴스는 사건을 다루지만, 모든 사건이 뉴스가 되는 것은 아님을 함축적으로 보여 주고 있지요. 기자는 여러 사건 중에서 뉴스가 될 가능성이 높은 사건, 즉 뉴스가치가 높은 사건을 취재합니다. 저널리즘 교과서는 사건의 영향성, 시의성, 저명성, 근접성, 갈등성, 신기성 등을 기준으로 뉴스가치를 분류하곤 하는데요. 그에 따르면 어떤 사건은 처음부터 뉴스가치가 높거나 낮다고 볼 수 있겠군요. 예를 들어 대통령은 뉴스가치가 매우 높은 대상입니다. 그 혹은 그녀의 말 한

마디 한마디가 기삿거리지요. 전쟁은 어떤가요? 살인 사건, 부정부패, 획기적인 과학적 발견 등등도 뉴스가치가 높겠지요. 반대로 평범한 어떤 이가 점심 메뉴를 무엇으로 골랐는지, 혹은 내 성적이 올랐거나 내려간 것 등등은 뉴스화되기가 어렵습니다. 별것 아닌 이야기에 괜한 호들갑을 떤다고 면박을 받을 수도 있습니다. 뉴스가치가 낮다는 이야기입니다. 이렇듯 우리는 어떤 사건이 뉴스가치가 높을 것인지 혹은 낮을 것인지를 미리 잘 아는 것 같습니다. 그런데 저는 '각각의 사건에는 나름의 뉴스가치가 존재한다' 라는 생각을 다른 방식으로 바라보고 싶습니다. 가령, 원래부터 뉴스가치가 높거나 낮은 사건은 없다면 어떨까요? 우리가 높거나 낮다고 생각했던 사건의 뉴스가치가 실은 우리의 믿음에서 유래한 것이거나, 아니면 외부로부터 주입된 것이라면 어떻겠습니까? '호들갑을 떤다' 라고 면박을 주는 목소리는 어쩌면 무엇이 뉴스가 되고 무엇이 뉴스가 아닌지를 가르는 권력은 아니었을까요?

가치와 권력이 만날 때

흔히들 우리는 가치란 어떤 물건이 갖고 있는 원래의 속성이라고 생각합니다. '노스페이스' 점퍼의 가치는 바느질이라든지, 디자인, 기능성과 같은 노스페이스만의 특성에 있다고 생각하지요. 과연 그럴까요? 고가의 명품 아웃도어 점퍼가 실제로는 중저가 브랜드 점퍼와 디자인과 질에 있어 큰 차이가 없다는 뉴스를 자주 접하곤 합니다. 그럼에도 많은 이들이 노스페이스를 선호합니다. 무엇 때문일까요? 혹시 그 이유는 노스페이스 점퍼가 '네파'

도, 'K2'도, '블랙야크'도 아니기 때문은 아닐까요? K2 점퍼도 마찬가지입니다. K2가 K2인 것은 그것이 노스페이스도, 네파도, 블랙야크도 아니기 때문입니다. 질이 아니라 수많은 브랜드의 관계('~이 아님') 속에서 노스페이스의 최초 가치가 발생합니다. 물론 아직까지 이때의 가치는 단지 다른 것이 아님만을 말해 줄 뿐입니다. 본격적으로 가치의 높고 낮음을 비교하기 위해서는 공통의 기준이 필요한데요. 우리는 이를 체계라 부를 것입니다. 가치는 특별한 체계 속에서 자신의 자리를 할당받아야 비교 가능합니다. 청소년들 사이에서 노스페이스 점퍼가 소위 잘나가는 십대의 전유물이고 그래서 인기가 높았다고 합니다. 자신을 차별화하고 싶고, 그를 통해 자신들의 권력을 과시하고 싶은 욕망이 패션과 결합한 사회적 현상이겠지요. 이 권력의 체계 속에서 노스페이스는 다른 브랜드보다 높은 가치를 지니는 것입니다. 그렇다면 이것만이 유일한 가치 체계는 아닐 것입니다. 어떤 친구들은 노스페이스가 지나치게 유행을 탄다고 해서 다른 브랜드를 선택하곤 합니다. 그 당시 가장 유명한 연예인을 광고 모델로 기용한 아웃도어 브랜드가 선망의 대상이 되더군요. 여기서는 연예인의 인기도라는 가치 체계가 특정 점퍼의 가치를 새롭게 배정하고 있습니다.

이처럼 가치는 우리의 일반적 믿음과 달리, 어떤 대상이 갖는 본래적 속성이라기보다는, 그 대상이 다른 대상이 아님으로부터 발생합니다. 그런 연후에야 사회적 권력을 통해 본래적 속성이 뒤늦게 추가되거나 지배적 가치로 부상하지요. 특정한 하나의 가치 체계가 다른 가치 체계들을 압도하는 과정입니다. 철학자 슬라보예 지젝은 이런 말을 했습니다. 왕은 그가 왕이기 때문에 왕이 아니라, 그를 왕으로 받들어 복종하는 신하들이 있기 때문이라고요. 왕권신수설이라든지 고귀한 혈통과 같은 왕의 속성들은 사회적 힘/권력에 의해 뒤늦게 정당화된 것이라고요. 그렇다면 자신을 왕이라 믿는 거지와 자신을 왕이라 믿는 왕은 별반 차이가 없다고 말할 수 있습니다. 다만, 왕을 왕이게끔 만드는 체계 속에 왕이 들어오느냐 안 들어오느냐, 그리고 그 체계를 다른 사람들도 받아들이게끔 할 수 있느냐 없느냐의 차이가 있을 뿐이지요. 가치는 사회적 권력 속에서 고정되는 것입니다.

뉴스가치도 마찬가지로 이해할 수 있지 않을까요? 사건 자체는 제 홀로 뉴스가치를 갖지 않습니다. 냉정하게 이야기해, 사람이 개를 문 게 무슨 대수입니까. 다만 사람이 개를 물지 않기 때문에 그 차이가 뉴스가치를 높이고, 사람이 개보다 더 큰 권력을 갖기 때문에 사람이 개를 문 것을 뉴스로 만들 수 있는 것이지요. 같은 이유로 영향성, 시의성, 저명성, 근접성, 갈등성, 신기성 등의 뉴스가치도 사건 자체의 속성이기보다는 가치의 체계로 보셔야 합니다. 구분되는 사건들이 있고, 이로부터 사건의 가치가 발생하며, 그때의 가치가 영향성의 가치 체계, 시의성의 가치 체계, 저명성의 가치 체계 등등에 할당되며 각기 다른 뉴스가치를 만듭니다. 풀어 쓴다면, 다른 사건과 비교해 사건의 파급력이 클 때, 적절한 시기에 발발할 때, 알려지지 않은 이보다 알려진 이와 관련될 때, 먼 나라 이야기가 아니라 우리 이야기일 때, 이해 당사자가 갈려서 갈등이 현격할 때, 늘 보던 게 아니라 새로운 것일 때 뉴스가 될 가능성이 높다는 이야기입니다. 다시 강조를 하건대, 원래부터 뉴스가치가 높은 사건이란 존재하지 않습니다. 그랬다면 세상의 모든 언론들은 언제나 같은 뉴스만을 전할 것입니다. 다른 사건과의 관계 속에서 최초의 뉴스가치가 발생하고, 이 가치는 고정되고 불변하는 것이 아니라,

가치(value)와 체계(system)

'선악', '남녀', '음양', '흑백'이란 말을 살펴보면, 이들 말이 두 개의 서로 반대되는 말을 합친 것임을 쉽게 알 수 있습니다. '선', '남', '음', '흑'은 제 홀로 가치가 없지만 그와 차이 나는 '악', '여', '양', '백' 등과 마주쳤을 때 의미가 선명해지지요. 이처럼 의미를 발생시키기 위해서는 최소한 두 개가 있어야 합니다. 그래야 차이가 나타나니까요. 짝패구조입니다. 이 사이에 더 많은 차이가 들어올수록 가치는 확실해집니다. 가령 '흑백' 사이에 '빨주노초파남보'를 넣으면 보다 선명한 색의 가치가 나오게 되지요.

이처럼 가치를 다른 것과의 차이로 이해했던 이는 언어학자 페르디낭 드 소쉬르였습니다. 소쉬르는 가치와 의미를 같다고 보았어요. 가치가 있다는 것은 어떤 의미가 있다는 것이고, 이 의미는 다른 것과의 차이 속에서 나온다고 보았지요. 하지만 그냥 차이가 아닙니다. 흑과 백 사이에 달고, 쓰고, 맵고, 짜고가 와서는 안 되겠지요. 체계적이지 못합니다. 가치는 체계 속에서 의미가 고정되어야 합니다. 다시 말해 체계는 규칙을 가져야 하고, 체계 안으로 들어온다는 것은 규칙을 공유한다는 것을 뜻합니다. 체계는 규칙을 통해 무언가를 넣고 뺍니다. 색의 체계에 맛의 체계가 들어올 수는 없겠지요. 이 과정이 자연스레 이루어지지는 않을 것입니다. 사회적 약속이 필요하고요. 오랜 교육도 뒤따라야 합니다. 약속을 어기면 규제를 해야지요. 때에 따라서는 강제력도 필요할 것입니다. 사회적 권력의 작동이지요.

우리 사회의 권력 배치 속에서 어떤 뉴스가치의 체계에 들어가느냐에 따라 상대적이고 가변적인 뉴스가치만을 가질 뿐입니다. 그런 이유로 사회적 권력은 유동적인 뉴스가치를 고정하려 합니다. 마치 자신을 왕이라 믿는 왕이 계속 왕의 자리를 유지하기 위해서는 끊임없이 왕권을 강화해야 하는 것처럼 말입니다.

'출입처'에서 뉴스를 확보하자

뉴스가치의 상대성은 뉴스를 취재하는 이에게 무엇을 뉴스로 선택해야할지 숙제를 안깁니다. 사건이 일어날 때마다 매번 새롭게 다른 사건과의 관련성 속에서 뉴스가치를 매기는 일은 불가능합니다. 뉴스를 어떤 가치 체계 속에 넣어야 할지를 고민해야 하거든요. 그리고 매일 정해진 시간에 독자나 시청자에게 뉴스를 전하는 언론사로서는 시간적인 제약도 무시할 수가 없습니다. 마감이 걸려 있지요. 따라서 뉴스가치의 상대성을 최대한 좁히고 그 안에서 뉴스가치의 경중을 따져야 할 현실적이고 조직적인 필요가 있습니다. 이와 같은 상황에 대처하기 위해 언론사는 **출입처 제도**를 발전시켜 왔습니다.

출입처는 대체로 뉴스가치가 자주 발생하는 곳, 그러니까 다른 사건들에 비해 매우 차이 나는 사건들이 빈번하게 발생하는 곳으로, 기자들이 뉴스를 고르기 위해 상주하는 장소입니다. 하지만 차이 나는 사건이 많다고 해서 모두가 출입처가 되는 것은 아니겠지요. 차이가 곧바로 뉴스를 의미하지는 않으니까요. 차이들을 뉴스로 만들기 위해서는 가치 체계 속으로 들어가야 하는데요. 가만 보면 언론사의 출입처들도 일련의 가치 체계 속에 있음을 발견할 수 있습니다. 한번 살펴보지요. 언론사의 대표적 출입처를 꼽아 보면 대체로 다음과 같습니다. 경찰서는 그날의 사건 사고가 매일 집중되는 곳이기 때문에 손쉽게 뉴스거리를 얻을 수 있는 출입처고요. 국회, 법원, 행정부 등의 정부 부처는 공적으로 큰 영향을 미치는 법안, 판결, 정책이 실현되는 곳이기에 역시나 빠질 수 없습니다. 대기업도 언론사의 주요 출입처인

데요. 대기업의 인력 채용, 수출입 현황, 노사 관계에 따라 우리나라 경제 전반이 영향을 받기 때문입니다. 그런데 이렇게 몇몇 출입처들을 나열해 보니, 무언가 그림이 그려지고 네트워크가 보입니다. 경찰서들은 치안의 그물망입니다. 정부 부처들은 행정의 그물망입니다. 기업들은 경제의 그물망이지요. 그리고 치안, 행정, 경제는 공통적으로 사회를 어떻게 관리할 것인가의 문제와 연결됩니다. 다시 말해 언론사들이 운영하는 출입처는 우리 사회의 관리 체계와 흡사합니다. 그것도 관리를 받는 사람들이 아니라 주로 관리를 하는 사람들의 체계 말입니다. 뉴스가치의 높고 낮음을 권력의 높고 낮음으로 바꾸었고 그에 맞게 출입처와 뉴스가치가 조직되었다고 볼 수도 있겠군요.

그런 의미에서 기자들에게 최고의 출입처로 각광받는 곳이 있는데요. 바로 우리 사회에서 가장 큰 힘과 권력을 갖는 곳이지요. 대통령을 취재할 수 있는 청와대입니다. 언론사는 소속 기자 중 가장 우수한 기자를 선발하여 청와대에 배정하곤 합니다. 청와대를 출입처로 둔 기자는 출입처와 긴밀한 관계를 맺으며 뉴스거리를 찾고요. 주요 정보원을 확보하는 것은 취재의 기초라 할 수 있습니다. 아무래도 권력의 핵심에 있는 이로부터 나오는 발언이나 정보는 관리 체계에 가장 상위에 있는, 그로 인해 가장 뉴스가치가 높은 고급 정보일 테니까요. 한편, 출입처를 함께하는 기자들끼리는 기자단을 만들어 조직적으로 뉴스를 만들기도 하는데요. 청와대에는 청와대 출입기자단이 있습니다. 여기에 들어가려면 인턴 기간이라 할 수 있는 예비 출입 기간을 채워야 하고, 그런 연후에도 기존 출입기자들의 90% 이상의 동의가 이루어져야 등록할 수 있는 등 가입 절차가 까다롭기로 알려져 있습니다.

언론사가 무조건 청와대로 출입기자를 보낸다고 해서 청와대와 청와대 출입기자단이 다 받아 주는 것은 아니라는 이야기지요. 대통령의 경호 때문이라든지 혹은 고급 정보가 나오니까 보안을 철저히 하려는 목적도 있을 테지만, 이곳 출입처에서는 굉장히 규격화된 뉴스 제작이 이루어지고 있음을 유추할 수 있는 대목입니다.

　관련하여 **엠바고**(embargo)란 저널리즘 용어를 살필 수 있겠군요. 엠바고란 어떤 사건을 섣불리 보도할 경우 사회적으로 미치는 파장이 크기에 언론사들 사이에서 뉴스의 보도 시점을 조율하는 관행입니다. 가령 어떤 대기업이 도산했다는 소식을 속보로 전했을 때, 이것이 주식시장에 미치는 파장은 어마어마하겠지요. 많은 투자자들이 손실을 입을 텐데요. 정책 당국이 투자자들의 손실을 최소화할 수 있는 방법을 마련한 다음에 보도를 하는 것이 현명할 것입니다. 엠바고를 설정하는 것이지요. 언론사나 기자들끼리 자율적으로 엠바고를 약속하는 경우도 있지만, 많은 경우 출입처의 요청에 의해 이루어지는 편입니다. 실제로 2011년 소말리아에서 해적에 납치된 삼호 주얼리호 구출 작전이 펼쳐졌는데, 작전이 노출될 경우 우리 군인과 선원의 안전에 위협이 된다는 이유로 청와대는 출입기자단에게 엠바고를 요청했고, 작전이 성공적으로 종료된 이후에야 관련 기사가 쏟아져 나오기 시작했습니다. 그런데 재미있는 것은 이 엠바고를 깬 당사자가 청와대였다는 점입니다. 청와대가 직접 작전 성공의 무훈을 발표해 모든 스포트라이트가 청와대로 모여 정권 홍보를 극대화한 것이 아닌가란 비판의 목소리도 있었지요. 엠바고가 악용된 것입니다.

　물론 기자들만 이처럼 출입처의 편의를 봐주는 것은 아니랍니다. 출입처

방송통신심의위원회와 보도자료

    방송통신심의위원회는 방송과 정보통신의 공공성을 확보하기 위한 심의 기구인데요. 나쁜 방송과 통신에 대해서는 징계를 의결하기도 하지만 좋은 방송과 통신에 대해서는 상을 주기도 합니다. 아래는 방송통신심의위원회가 2013년 1월의 좋은 프로그램을 선정했다는 것을 언론에게 알리려 만든 보도자료입니다. 보시는 바와 같이 날짜가 나와 있고, 더 자세한 정보를 원한다면 방송통신심의위원회의 누구에게 연락할지도 적어 놓았지요. 여기서는 개인의 신변 노출을 피하기 위해 이〇〇으로 처리했습니다. 이하의 내용도 한번 보세요. 언급된 모든 프로그램을 보지 않더라도 기자가 이 보도자료만으로도 충분히 프로그램을 직접 본 것처럼 기사를 쓸 수 있도록 세심하게 선정 이유를 밝혀 놓았네요. 마지막 부분에는 시상의 목적까지도 꼼꼼하게 적어 놓았습니다. 좋은 프로그램을 알리려는 목적도 있지만 위원회가 한 자랑스러운 일을 독자나 시청자에게 잘 전달해 달라는 간절함도 묻어 있는 것 같습니다.

또한 기자들을 위해 많은 편의를 제공합니다. 자랑할 만한 뉴스거리가 있으면 언론을 통해 홍보하고, 행여나 출입처에 불리한 뉴스거리가 있다면 언론에 적절한 해명과 대응을 할 필요성이 있겠지요. 출입처는 기자들이 노트북 등을 사용해 기사를 쓸 수 있는 독립적인 기자실을 준비해 놓고, 아예 편리하게 뉴스를 쓸 수 있도록 각종 자료와 핵심 사안들을 강조한 **보도자료**를 제공하는 것이 관례화되어 있습니다. 기자들이 고급 정보원을 애타게 찾는 것처럼, 출입처도 기자들이 절박하게 필요하지요. 오늘날 출입처를 통한 뉴스 확보는 언론의 주요한 뉴스 제작 관행으로 굳어져 있습니다.

데스크, 뉴스를 문단속하다

기자가 출입처를 오가며 확보한 뉴스는 이후 언론사로 모입니다. 언론사는 각 기자들이 전송한 뉴스들을 신문 지면이나 방송 뉴스에 담을 수 있도록 엮는 역할을 맡습니다. 뉴스 생산의 지휘부라고 할 수 있어요. 신문사라면 편집국, 방송사라면 보도국을 필두로 해서 뉴스의 성격에 따라 정치부, 경제부, 사회부, 국제부, 문화부와 같은 부서가 마련되어 있는데요. 마치 군대 조직처럼, 가령 정치부라면 정치부장 밑에 정치부 차장, 차장 밑에 선임 기자가 있으며, 그 말단에는 입사 연차가 낮은 평기자가 있는, 위계적이고 관료적인 구조입니다(실제로 기자들 사이에서는 어느 연도에 입사했느냐가 주요한 서열 기준입니다).

이러한 조직 구조는 새삼 기자의 자율성을 어디까지 확장할 수 있을 것인가란 물음을 던지는데요. 비록 신문이나 TV에서 접하는 뉴스는 기자와 뉴스가 1:1로 묶여 있지만, 기자의 취재 자율성이 무한한 것은 아니랍니다. 이미 정치부, 경제부, 사회부, 문화부 등등의 취재 부서에 배속되고 그에 맞게 출입처가 배정되는 순간부터, 기자가 취재해야 할 영역은 자신의 의사와 무관하게 좁혀집니다. 문화부 기자가 정치 기사를 쓸 수는 없지요. 한편, 부장-차장-선임기자의 수직적이고 관료적인 위계 구조는 뉴스가 만들어지는 내내 기자 개인의 현장 취재를 거르고 보충합니다. 뉴스 아이템을 제시하기도 하고 특집 기사를 기획하기도 합니다. 가령 학교폭력이 사회적 이슈라고 한다면 몇 명의 기자들을 묶어 누구는 경찰서를 돌며 학교폭력 사건을 수집하도록 하고, 누구는 교육부의 대응을 파악하도록 하며, 해외 특파원에게는 그 나라의 학교폭력은 어떠한지를 확인해 보도록 하는 방식으로요. 물론 출입처에서 누구와 인터뷰하고, 상황에 맞는 순발력을 발휘해 어떤 질문을 던지며, 뉴스를 뒷받침하는 수많은 근거 자료 중 무엇을 고를지는 기자의 재량입니다. 하지만 이 자율성이 조직의 논리를 넘어설 수 있냐는 다른 문제지요.

분야별 뉴스를 총괄하게 되는 정치부장, 경제부장 등의 각 취재 부서의 책임자는 흔히 데스크(desk)라고 불립니다. MBC의 대표적인 뉴스 프로그램 이름이 『뉴스데스크』인 이유가 여기에 있겠군요. 데스크가 뉴스를 거르고 선별하는 과정을 프로그램 이름으로 빌려 왔고, 단지 이름만 가져온 것이 아니라 데스크의 일 자체로 뉴스 프로그램을 구성한 것이지요. 앵커는 데스크라고 볼 수 있어요. 그렇다면 우리에게는 잘 드러나지 않던 데스크의 일을 텔레비전에서 늘 보아 왔던 뉴스 앵커를 통해 살필 수도 있을 것입니다. 예를 들어 앵커는 각각의 뉴스를 소개하기 전에 짧게 기사 내용을 요약해 주는데요. 이는 데스크가 개별 기자에게 이러저러한 방향으로 뉴스를 취재하라고 내린 지시와 닮아 있습니다. "참으로 어처구니없는 일이 아닐 수 없습니다"란 말로 시작하는 앵커의 멘트는 데스크가 해당 사건에 부여하는 특별한 뉴스가치이고, 이에 맞추어 기자는 뉴스를 만듭니다. 간혹 하나의 사안에 대해 두세 꼭지로 뉴스를 전하기도 하는데요. 데스크가 여럿의 기자를 묶어 팀으로 뉴스를 취재하라고 지시한 것이겠지요. 프로그램의 뉴스 진행 전체를 앵커가 맡고 있는 것은, 데스크가 모든 뉴스를 책임지고 관리하는 것과 일치합니다.

한편, 앵커의 멘트에 이어 뉴스가 전해지고, 다시 앵커의 멘트로 마감됨과 동시에 다음 뉴스에 대해 앵커가 멘트하는 프로그램의 구성은 뉴스들이 일종의 관문(gate)을 통과하는 과정 같습니다. 뉴스의 흐름이 생기는데요. 앵커가 이 흐름을 통제하고 있습니다. 비유하자면 앵커는 뉴스를 열고 닫습니다. 문지기(gate-keeper)라고 할 수 있겠군요. 따라서 앵커는 어떤 뉴스가 텔레비전 속으로 들어올 수 있는지, 어떤 뉴스는 텔레비전으로 들어올 수 없는지를 문 앞에 서서 판가름하는 역할을 하게 됩니다. 마찬가지로 데스크는 기자가 취재해 온 뉴스가 뉴스가치가 낮다는 판단이 서면, 완성된 신문 지면이나 방송에서 뉴스를 누락하

는 편집권을 행사합니다. 자신이 취재해 온 뉴스가 데스크의 결정에 따라 미디어에 담기지 못하고 사장될 때 기자들 사이의 은어로 '킬'(kill)되었다고 하는데요. 문자 그대로의 의미로 이 말을 받아들인다면 데스크는 기사를 살리고 죽일 수 있는 생사여탈권을 쥐고 있는 셈입니다. 그리고 이 전체 과정이 뉴스의 편집이라 할 수 있겠고요. 저널리즘에서는 이를 뉴스의 문단속, 다시 말해 **게이트키핑**(gate-keeping)이라 부릅니다.

단지 앵커만이 뉴스의 문을 열고 닫는 것은 아닙니다. 문단속은 완성된 뉴스들의 배열뿐만이 아니라 각각의 개별 뉴스를 만드는 과정 속에도 있습니다. 사건은 현장기자-선임기자-차장-부장-편집국장/보도국장 등의 여러 관문을 거치면서 뉴스로 정제되고 검증되며 보완됩니다. 예를 들어 경제부에 소속되어 있어서 대기업을 출입처로 둔 현장 기자가 우연히 대기업 프랜차이즈 업체의 횡포에 대해 알았다고 치면, 선임기자는 이와 같은 소식을 보고받고 다른 대기업 프랜차이즈에도 동일한 일이 발생하고 있는지를 파악해 보라고 지시하면서 경제부 차장이나 경제부 부장에게도 알리겠지요. 선임기자나 데스크는 과연 그것을 대기업의 횡포라고 볼 수 있는지 더 점검해 보라고도 할 수 있어요. 어느 정도까지는 용인 가능하고 어느 정도가 횡포인지 보다 정교하게 알아보라고요. 만일 사안이 중요하다고 생각되면 데스크는 관련 당국의 규제는 실제로 어떤지도 면밀히 살필 것입니다. 대통령 자문 기구인 동반성장위원회라든지 중소기업을 보호하는 중소기업청의 대응은 어떤지도 말입니다. 동반성장위원회나 중소기업청을 출입처로 두고 있는 기자에게 지시를 내려야 하겠군요. 이는 또한 경제 뉴스로만 좁게 해석될 수는 없는데요. 대기업 프랜차이즈에 대한 규제를 느슨히 할 것인지

엄격히 할 것인지는 여당과 야당의 입장 차이에서도 발견될 수 있거든요. 정치부 부장과도 의논해서 이에 대해 각 정당이 어떤 입장을 갖고 법안을 만들고 있는지도 파악해야겠지요. 더불어 프랜차이즈 업주들의 실제 고통을 직접 듣기 위해서는 사회부 기자의 참여도 필요할 것입니다. 이처럼 현장 기자가 하나의 뉴스를 만드는 과정 속에는 여러 관문들이 있습니다. 그리고 이 관문은 지속적인 점검과 정제 과정을 통해 뉴스의 품질을 높이게 됩니다. 향후 자칫 확인되지 않은 사실로 인해 발생할 수 있는 명예훼손, 오보, 사생활 침해와 같은 뉴스의 부작용을 최소화할 수 있는 절차라 할 수 있습니다.

뉴스의 운명, '1면'과 '킬' 사이

최종적으로 신문이나 방송에 담긴 뉴스는 이와 같은 복잡한 게이트키핑 과정의 산물이라 할 수 있습니다. 그런데 이것이 다는 아닙니다. 지금까지는 주로 개별 사안에 한정해서 언론사가 어떻게 이를 조직적으로 엮어 뉴스를 만드는지를 말씀드렸는데요. 이보다 더 중요한 것은 언론사가 이렇게 엮은 뉴스에 어떤 뉴스가치를 부여하느냐입니다. 게이트키핑의 또 다른 효과인 **의제설정**(agenda-setting)에 대한 이야기입니다. 보통 신문의 1면이나 9시 뉴스의 첫 소식은 독자나 시청자가 가장 주목하는 뉴스가 됩니다. 다시 말해 언론사가 독자나 시청자에게 이 소식이 가장 중요하다고 알리는 뉴스지요. 이를 통해 우리는 어떤 의제(agenda)가 우리 사회에서 중요한지를 가늠(setting)하게 됩니다. 개별 뉴스도 마찬가지입니다. 데스크는 뉴스의 방향을 결정합니다. 예를 들었던 대기업 프랜차이즈에 대한 사안으로 다시 말씀드린다면, 대기업 친화적으로 방향을 설정해 "경쟁력 있는 대기업의 진출이 유통 시장의 선진화를 가져왔다"라고도 기사를 쓸 수 있겠지요. 우리가 어떤 의제를 어떻게 해석해야 할지를 언론사가 설정하는 것입니다. 그리고 이보다 더 중요한 것이 있습니다. 데스크의 의제설정은 우리가 무엇을 의제로 삼지 말아야 하는지도 결정한다는 것이지요. 어쩌면 말을 하는 것보다 말을 하지 않는 것 속에 진실이 담겨 있을 수도 있습니다. 앞서 데스크에 의해 기사가 '킬' 될 수도 있다고 말씀드렸는데요. 혹시 이 '킬' 된 뉴스가 정말로 우리 사회에 필요한 '살아 있는' 의제였다면 어떨까요?

　뉴스를 통해 부패한 권력자의 비리에 대해 혀를 끌끌 차며 세상을 욕하거나, 미담과 선행을 보며 우리 사회에 여전히 남아 있는 온정을 실감하기도 하지만, 엄밀히 말해 우리의 분노나 연민은 사건 그 자체로부터 나온다기보다는 언론사가 고른 뉴스로부터 나오는 셈입니다. 게이트키핑은 언론사가 무엇을 주요한 사회적 의제로 삼을지, 혹은 무엇을 중요한 사회적 이슈로부터 배제할지를 간추리고 엮는 과정으로, 언론의 뉴스 생산에서 핵심적인 역할을 담당합니다. 그 결과 우리가 바라보는 세상은 언론사가 의제설정한 이슈가 중심이 되는 세상입니다.

뉴스를 엮다

　다음 표는 지금까지 우리가 논의한 언론사의 뉴스 선택, 편집, 유통을 전

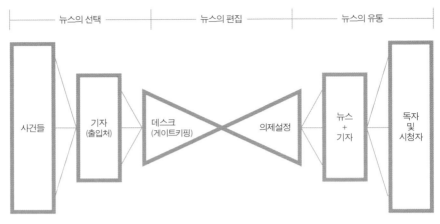

뉴스의 선택 ──── 뉴스의 편집 ──── 뉴스의 유통

사건들 → 기자(출입처) → 데스크(게이트키핑) → 의제설정 → 뉴스 + 기자 → 독자 및 시청자

뉴스를 고르고 엮고 나르기

체적으로 시각화한 것입니다. 우리가 일상에서 접하게 되는 뉴스는 표의 오른쪽을 차지하지요. 뉴스의 표면이라 할 수 있습니다. 가운데에 뉴스의 편집, 왼쪽에는 뉴스의 선택이 있습니다. 완성된 뉴스에서는 볼 수 없었던 깊이가 뉴스 속에 자리함을 알 수 있지요. 왼쪽에서 오른쪽으로의 이동은 시간 순서에 따른 뉴스의 생산, 가공, 유통으로 보셔도 좋겠습니다.

한편, 뉴스의 선택에서 뉴스의 편집으로의 왼쪽 삼각형을 바로 세우면 언론사의 조직 구조가 수직적 피라미드형임을 알 수 있습니다. 사건, 기자, 데스크를 각기 분리한 것은 해당 영역에서 사건의 자율성, 기자의 자율성, 데스크의 자율성을 나타내기 위함입니다. 보시다시피 이 자율성은 최종적으로는 데스크의 통제를 받는 상대적인 자율성입니다. 이처럼 언론사가 수직적 피라미드 모양으로 조직화된 것은 보다 많은 뉴스를 고르고 엮기 위한 뉴스 생산의 효율성 때문이겠지요. 기자가 적다면 고를 수 있는 뉴스의 양

또한 적어질 테고, 데스크가 너무 많아도 사공이 많아져 뉴스를 엮는 일은 산으로 갈 것입니다.

대칭으로 있는 오른쪽 삼각형은 어떻게 언론사를 통해 걸러진 뉴스가 사회적으로 확산하는지를 보여 줍니다. 우리는 신문과 방송을 대중매체라 부르는데요. 대중매체는 소수의 매체가 다수의 대중에게 일방적으로 정보를 나르는 특성을 지닙니다. 규모가 큰 대중매체를 운영하려면 상당한 자금이 필요하기 때문에 이를 운영할 수 있는 곳은 한정적일 수밖에 없고, 그 결과 제한된 언론사로부터 수집된 정보가 마치 사건의 전체 정보인 양 유통되기 쉽지요. 그만큼 대중매체는 독자나 시청자에게 보다 신중하고 검증된 뉴스를 전해야 할 책임이 있습니다. 뉴스 생산 과정에서 게이트키핑이 그토록 강조되는 이유 중 하나입니다.

3

뉴스 제작 시스템이 가져온 비극

언론사 뉴스의 한계

이처럼 뉴스의 선택, 편집, 유통을 한눈에 펼쳐 보니, 언론사의 뉴스 생산이 갖는 한계 또한 드러나기 시작합니다. 첫째로 뉴스의 선택부터 살피면, 선택에서 편집으로 갈수록 걸러지는 사건들이 너무 많습니다. 모든 선택은 선택받지 못한 것에 대한 배제이기에 선택 자체를 탓할 수는 없습니다. 중요한 것은 어떤 선택이냐는 것이지요. 비유하자면 뉴스라는 고기를 건지는 그물의 적절함입니다. 그물코가 성기면 새 나가는 사건이 많겠고, 반대로 지나치게 촘촘하면 건져 올린 뉴스의 양에 치여 언론사는 제대로 된 게이트키핑과 의제설정을 하지 못할 것입니다. 그물의 질도 문제인데요. 힘들게 월척을 잡았어도 그물이 끊어져 놓치는 일은 없어야겠지요. 건진 뉴스를 감당할 수 있는 튼튼함도 갖추어야 합니다. 불의에 타협하지 않고 권력의 눈치를 보지 말아야 한다는 이야기입니다.

출입처 제도는 언론사가 뉴스를 걸어 올리는 대표적인 그물임을 살폈지요. 출입처의 장점은 분명합니다. 안정적으로 매일 뉴스를 공급받을 수 있고, 거미줄처럼 뻗어 있는 출입처의 망을 교차하면 그 자체가 바로 우리 사회의 축소판이 될 것입니다. 하지만 대체로 출입처는 우리 사회의 지배적 권력 기관을 중심으로 꾸려집니다. 많은 경우 사건의 첫 의미를 이들이 앞서 틀 지우는 경우가 많습니다. 사건을 정의하고 그 해석 방향까지도 미리 알려 주는 출입처의 보도자료는 그 대표적 수단이고요. 그만큼 지배 집단의 이해, 그들의 관심, 그들의 입장을 반영하기 쉽습니다. 과도한 출입처 의존은 아래로부터의 생생한 목소리, 상대적으로 권력을 갖지 못한 자들의 입장을 빠뜨릴 가능성도 높습니다.

둘째로, 언론사의 수직적 피라미드 구조는 민주적이지 못합니다. 언론사의 조직 구조는 위에서 지시하고 아래에서 따르는 상명하달의 위계 구조군요. 긍정적으로 표현하자면 뉴스를 검증하고 정제하며 보완하기 위한 장치일 수 있겠지만, 부정적으로 표현하자면 뉴스의 통제, 기자의 취재 자율성 제약, 뉴스 조직 전체의 보수화를 가져올 수도 있지요. 흔히들 언론의 자유를 많이 이야기하는데요. 정작 언론사 조직은 자유롭지 못한 것 같습니다. 거쳐야 할 관문이 많으니 조직 전체가 경직될 가능성이 높고, 그만큼 변화에 유연하게 대응하지 못할 수가 있습니다. 사건과 데스크 사이의 거리도 멀어요. 자칫 사건이 갖는 의미를 현장으로부터가 아니라, 말 그대로 책상(desk)으로부터 엮을 위험도 높아 보입니다. 뉴스의 의제설정 과정이 몇몇 데스크에 의해 독점되기 때문에, 누가 데스크를 차지하느냐에 따라 뉴스 품질의 편차도 클 수 있고요.

셋째는 대중매체를 통한 뉴스 유통의 근본적 한계입니다. 언론사의 피라미드 구조가 민주적이지 못한 것처럼 대중매체에서 독자나 시청자로의 일방적 뉴스 전달 또한 민주적이지 못합니다. 복잡한 현대 사회의 특성상 우리가 보는 세상은 직접 경험보다는 대체로 언론에 비친 세상인데요. 세상을 보여 주는 창인 언론에 때가 묻거나, 오목렌즈나 볼록렌즈처럼 굴곡이 있고, 어떤 부분은 아예 검게 칠해져 바깥을 볼 수 없다면 큰 문제지요. 대중매체 스스로가 책임 의식을 갖고 자정의 노력을 기울여야 하겠지만, 한정된 채널을 통해 정보가 공급된다는 근본적 문제가 사라지는 것은 아닙니다. 대중매체의 선의를 마냥 기다리는 것 또한 마찬가지로 순진한 발상이겠지요.

구제역 확산에 언론의 책임이?

일례로 지난 2010년 말에서 2011년 초까지 한국을 강타한 구제역 파동은 언론의 과도한 출입처 의존 관행, 게이트키핑과 의제설정의 경직성, 대중매체의 한계를 집약적으로 보여 주었다고 저는 생각합니다. 이 사례에 대한 꼼꼼한 되짚기를 통해 과연 어떤 점이 현실적으로 문제가 될 수 있는지 구체적으로 살펴보겠습니다.

구제역은 겨울철 소, 돼지, 양, 사슴 등의 가축에서 발생하는 바이러스성 전염병입니다. 전염성이 매우 강하고 치료법도 없어서 구제역에 걸린 가축과 반경 3km 이내의 모든 소, 돼지 등의 가축은 무조건 살처분하여 태우거나 묻어야 합니다. 구제역이 발발한 해당 지역은 출입을 통제합니다. 전문가들은 구제역 발생 후 1주일이 구제역 확산을 막기 위한 결정적 기간이라고 지적합니다. 하지만 안타깝게도, 2010년 겨울의 구제역 파동은 초기 대응에 실패합니다. 제주도를 제외한 전국으로 구제역이 확산된 결과, 전국의 소, 돼지 등 가축 348만 마리가 살처분되었습니다. 국내에서 사육되는 소의 4.5%이자 돼지의 34%입니다. 피해 규모는 1조 3천억 원을 넘었고, 엄청난 수의 짐승을 살처분했던 수의사와 공무원은 살아 있는 짐승을 생매장했다는 죄책감으로 심각한 정신적 외상을 호소했습니다. 더 큰 피해는 인명 피해입니다. 구제역 확산 방지에 총력을 기울이는 가운데 과로와 사고로 공무원 9명이 사망하고 모두 163명이 다쳤습니다.

그렇다면 언론은 지난 2010년의 구제역 파동을 어떻게 보도했을까요? 사상 최악의 구제역 파동에 언론의 책임은 없을까요? 당국에 처음 구제역 의심 신고가 들어온 날은 2010년 11월 23일입니다. 그리고 언론에 처음 구제역 발생 뉴스가 나온 날은 그보다 6일 늦은 29일이었습니다. 이 1주일 동안 언론은 구제역에 관해 어떠한 뉴스도 싣지 못했습니다. 출입처인 농림수산식품부가 29일 경북 안동에서 구제역이 발생했다는 발표를 한 뒤에야 사안을 알았지요. 여기까지는 어느 정도 이해가 갑니다. 모든 사건 현장에서 직접 뉴스를 걸어 올리기가 불가능하니까 출입처를 둔 것이지요. 언론은 출입처를 통해 처음으로 구제역을 감지하기 시작했습니다.

문제는 그다음입니다. 언론은 농림수산식품부의 공식적 발표에서 벗어나 현장을 살폈어야 했습니다. 실제로 구제역이 얼마만큼 확산되고 있으며, 방제 대책에는 문제가 없는지, 피해 농가와 방제 요원의 고충은 무엇이고, 대량 살처분만이 유일한 해결책인지 등등을 발품을 팔아 살폈어야 했습니다.

구제역은 전염성이 큰 병이니까 초기 대응이 중요하지요. 하지만 대체로 언론은 출입처 안에 머물렀습니다. 출입처가 제공하는 보도자료의 방제 현황과 살처분한 가축 수, 구제역의 확산 경로를 마치 날씨 뉴스에서 태풍이 북상하는 소식을 전하듯 **중계**했을 뿐입니다. 그 결과 오랫동안 길러온 소와 돼지를 한순간에 잃어야 하는 농민의 고통이라든지, 방제를 위해 연일 사투를 벌이는 공무원의 고충과 방역 과정에서 발견된 당국의 문제점 등은 뉴스에서 빠져 버렸습니다. 더욱이 언론사는 사상 최악의 구제역 파동을 적절히 의제설정하지도 못했습니다.

뉴스에 구제역 이야기는 없었다

다음 표는 구제역 소식이 처음으로 뉴스로 전해진 후 한 달 동안의 『SBS 8시 뉴스』 기사 내용을 날짜별로 정리한 것입니다. 제가 『SBS 8시 뉴스』를 고른 것은 SBS가 문제가 있어서라기보다는 다른 지상파 방송사의 메인 뉴스 프로그램도 비슷한 모습이어서 굳이 반복해서 소개할 필요가 없기 때문입니다. 여하튼 왼쪽에는 가장 중요한 뉴스로 꼽았던 첫 뉴스를, 가운데는 그날의 주요 보도를, 오른쪽에는 보도된 구제역 관련 뉴스를 배치해 표를 만들었습니다. 2010년 11월 29일을 기준일로 잡은 것은 이날 처음 구제역 소식이 보도되었기 때문입니다. 그리고 표에서 확인할 수 있듯, 이 당시 가장 중요한 뉴스는 연평도 피격과 그로부터 촉발된 한반도의 안보 위기였습니다. 공교롭게도 11월 23일은 구제역이 발생한 날이자 연평도가 북한으로

날짜	첫 보도	주요 보도	구제역 관련 단신
11/29(월)	이 대통령 "책임 통감…북한 도발에 응분의 대가"	한미 연합훈련	잠잠하더니 또?…구제역, 반년만에 재발 '비상'
11/30(화)	북 "우라늄 농축공장 가동" 선언…국면전환 시도?	한반도 긴장	한우도 구제역 '비상'…전국 가축시장 전면 폐쇄
12/1(수)	김정은, 연평도 포격 직접 지휘? "11월 공격 준비"	한반도 안보 위기	거래 뚝…구제역 확산 조짐에 농민들 '공황상태'
12/2(목)	북 무도진지 사진 놓고 엇갈린 분석…피해 진실은?	한반도 안보 위기	우왕좌왕 하는 사이 '구제역' 확산…경북 '위기'
12/3(금)	김관진 인사청문회 "북한 도발시 항공기로 폭격"	한반도 안보 위기	"우리 동네 땅에 묻지 마!"…돼지 매몰 놓고 '충돌'
12/4(토)	한미 FTA 전격 타결…자동차 양보, 농산물 얻었다	한미 FTA 협상	거대한 돈사 처참한 폐허로…돼지 1만마리 떼죽음
12/5(일)	"챙길 것 챙겼다"…자동차 주고 양돈·제약 지켰다	한미 FTA 협상	경북 예천서도 구제역 발생, 대구 의심신고 접수
12/6(월)	"군 복무 24개월 환원"…청와대 '건의 사항일뿐'	한반도 안보 위기	대목 앞두고 구제역 확산…'소비자 붙들기' 안간힘
12/7(화)	한미 "북 도발시 즉각 응징"… '선 조치, 후 보고'	한반도 안보 위기 꼬마 탈출	
12/8(수)	한나라, 예산안 단독 처리…멱살에 몸싸움 '충돌'	국회 예산안 꼬마 탈출	
12/9(목)	민주, '장외투쟁' 선언…꽁꽁 얼어붙은 예산 정국	국회 예산안 관련 여야 충돌·꼬마 탈출	
12/10(금)	약속했던 '친서민 예산' 어디로? '부실 심의' 비난	국회 예산안 논란 꼬마 탈출	
12/11(토)	추워지자 신종플루 고개…집단감염에 휴업 확산	한파 꼬마 탈출	경북 영주 한우농가 1곳에서 구제역 추가 발생
12/12(일)	예산안 후폭풍 계속…고흥길 정책위의장 '사퇴'	국회 예산안 논란	
12/13(월)	남극 해역에서 원양어선 침몰…'22명 사망·실종'	꼬마 탈출	
12/14(화)	'재산 의혹' 육참총장 사퇴…군 수뇌부 인사 커질 듯	내년 경제 예상	
12/15(수)	매서운 한파에 전국이 얼었다…내일도 '강추위'	꼬마 포획	구제역, 보름 만에 '수도권'도 뚫렸다…확산 우려 올해만 두번째…경기북부 축산농가, 방역 초비상
12/16(목)	동장군 기세 무섭네! 오늘 밤 큰 눈…출근대란 우려	한파	양주서 '구제역 의심 돼지' 출하…확산 우려 고조
12/17(금)	북 "사격훈련시 지난번보다 더 강하게 대응타격"	사격훈련	
12/18(토)	연평도 사격훈련 내주 초 실시…K9 등 준비완료	사격훈련 연기	무려 18만 마리 가축 살처분…애타는 '워낭소리'
12/19(일)	UN 안보리, 러시아 요청 '한반도 긴급회의' 소집	한반도 안보 위기	
12/20(월)	긴장 속 1시간 반 '사격 훈련'…군, 대응태세 유지	한반도 안보 위기	고양시까지 번진 '구제역'… '씨젖소 지켜라' 비상
12/21(화)	청와대 '국가위기관리실' 신설…어떤 역할하나	한반도 안보 위기	구제역, 가평으로 확산→강원도 '명품 한우' 비상
12/22(수)	강원도마저… '사상 최악' 구제역에 축산기반 흔들 '최후 카드' 꺼내든 정부… "수출 못 해도 백신 접종"	한반도 안보 위기	

부터 피격당한 날이기도 했습니다.

표에는 나오지 않았지만 11월 23일부터 언론은 연평도 피격과 그에 따른 한반도의 안보 위기를 중심 의제로 설정했습니다. 그만큼 중요한 뉴스였으니까요. 23일부터 다음 달 7일까지 열하루 연속해서 첫 뉴스로 한반도 위기 상황을 조명했고, 이 소식은 한동안 수면 아래로 가라앉았다가 우리 군의 대규모 사격 훈련을 계기로 12월 17일 재등장해 21일까지 이어집니다. 한편, 메인 뉴스 프로그램의 첫 뉴스로 구제역이 등장한 것은 12월 22일입니다. 의심 신고가 접수되고 무려 한 달이 지나서입니다. 그리고 이때는 구제역이 전국으로 퍼져 피해가 기하급수로 늘어난 시점입니다. 소 잃고 외양간을 고치는 시점이었어요. 너무 늦었고, 때늦은 소란이었습니다. 이것은 명백한 언론의 의제설정 실패입니다.

구제역 파동은 더 일찍, 그리고 보다 상세하게 우리 사회의 주요 의제로 엮여야 했습니다. 구제역 확인 후 첫 1주일이 방역을 위한 결정적 기간이라는 점, 11월 말은 구제역이 급속도로 확산되는 겨울로 진입하는 시기라는 점을 고려한다면 11월 29일의 첫 보도도 이미 늦었습니다. 그렇다고 해서 언론이 사태의 심각성을 몰랐던 것은 아닙니다. 그것은 "비상"(11월 29일)이었고, 전국의 가축 시장은 "전면 폐쇄"(11월 30일)되었으며, 농민들은 "공황상태"(12월 1일)에 빠졌습니다. 위기를 수습해야 할 당국이 "우왕좌왕"(12월 2일)하는 와중에 구제역은 전국으로 번져 나갔고, 농심은 가축의 대량 살처분으로 흉흉해져 서로 "충돌"(12월 3일)하기 일쑤였습니다. 그럼에도 불구하고 구제역 관련 소식은 상당 기간 짧은 뉴스로만 처리됩니다. 위의 표에서 군데군데 빈칸이 많았다는 것은 언론이 아예 의제를 설정하지 않았다는 것이고, 다루었더라도 단신으로 처리했다는 것은 의제를 설정했더라도 낮은 뉴스가치를 부여했다는 것을 알려 주지요.

왜 현장의 목소리를 몰랐을까

구제역 파동을 적절히 의제설정하지 못했던 이유는 명백합니다. 구제역 의심이 처음 신고된 날과 겹쳤던 연평도 피격, 그리고 이후의 한반도의 안보 위기가 모든 이슈를 블랙홀처럼 빨아들였어요. 구제역뿐만 아니라 다른 사회적 의제 또한 연평도 이슈에 의해 가려집니다. 하지만 지금에 와서 보건대, 당시의 한반도 안보 위기는 언론에서 지나치게 부풀린 감이 없지 않습니다. 주식 시장은 피격 다음 날부터 정상화되었고, 국민들 사이에서도 사재기와 같은 극도의 혼란 상황은 벌어지지 않았습니다. 데스크는 과도하게 안보 위험을 조장해 공포심을 자극하기보다는, 국민들이 평정심을 되찾아 안전하게 일상생활을 영위할 수 있도록 유연하게 의제를 조정했어야 합니다. 너무 오랫동안 연평도 의제에 휩쓸렸습니다. 그보다는 냉정을 되찾고 연평도 피격 사건으로 빠져 버린 의제 중 우리 사회가 놓치지 말아야 할 주요 의제가 무엇이었는지를 점검하는 편이 옳았다고 생각합니다. 적어도 구제역 방제를 위한 핵심 기간인 구제역 발발 후 1주일, 그러니까 구제역 관련 첫 보도가 나간 1주일 후부터는 구제역 파동으로 의제를 옮겨 가야 했습니다. 그럼에도 불구하고 첫 보도가 나간 8일 뒤인 12월 7일부터 14일까지 구제역 관련 뉴스는 단 한 건(12월 11일)밖에 없습니다.

데스크가 구제역 관련 뉴스를 뺐다는 것 외에는 다른 이유를 찾기가 힘들 것 같습니다. 뉴스가치를 낮게 평가한 것이지요. 출입처의 우선순위를 뉴스가치의 우선순위로 혼동했던 것은 아니었나 의심도 갑니다. 농림식품수산부가 국방부(12월 7일, 14일), 국회(12월 8일, 10일), 정당(12월 9일, 12일)보다 중요한 출입처는 아니었을 것입니다. 그 결과 농림식품수산부에서 나온 뉴스는 낮은 뉴스가치를 부여받았겠지요. 설상가상으로 이 기간에 구제역을 대신한 뉴스는 동물원을 탈출한 곰 '꼬마'였습니다. 당시 '꼬마'는 동물원의 구조 손길을 피해 신출귀몰한 도피 행각을 벌여 큰 화제가 되었는데요. 언론사는 여기에 더 큰 뉴스가치를 부여했습니다. 사람들에게 화제가 되리라 생각했던 것인데, 이는 언론사가 현장의 목소리가 아니라 책상(desk)으로부터 뉴스를 판단했기에 벌어진 일입니다. 구제역으로 인한 현장의 고통이 생생하게 데스크까지 전해졌다면, 언론사의 조직 구조가 조금만 더 유연했다면, '꼬마'가 구제역 파동보다 더 각광받거나 구제역 파동이 오랫동안 수면 아래에서 기하급수적으로 확산되는 일은 벌어지지 않았을 것입니다. 구제역 관련 소식은 데스크까지 오르는 여러 관문에서 걸러졌고, 그 결과 구제역이 발발한 한 달 후인 12월 22일이 되어서야 첫 뉴스로 다루어집니다. 도시에 사는 사람들은 그때까지 얼마나 구제역이 심각하게 번졌고, 그로 인해 얼마나 새까맣게 농심이 타들어 갔으며, 산 동물들이 어떻게 무참히 살처분되는지를 제대로 알 수가 없었습니다. 무려 한 달 가까이 우리 국토 전역을 뒤흔든 사투의 본모습을 제대로 알지 못했던 셈입니다.

구제역 파동의 모든 책임을 언론에 돌릴 수는 없겠지요. 언론이 구제역을 확산하지는 않았을 테니까요. 하지만 적어도 언론은 구제역 파동의 심각성

을 제대로 인지하지 못했으며, 취재에도 열심이지 않았고, 그로 인해 구제역 확산 방지를 위한 사회적 논의의 물길을 차단했다는 책임에서 자유로울 수는 없을 것입니다.

　여기서 한 가지 비교할 만한 구제역 보도가 있는데요. 영국 또한 2001년에 심각한 구제역 재난을 겪었습니다. 2001년 2월, 영국은 역사상 유래를 찾아보기 힘든 구제역 파동으로 600만에서 700만 마리의 가축을 살처분했으며 약 16조 원의 경제적 손실을 입었다고 합니다. 영국 내 전체 양의 10%가 넘는 400여만 마리가 살처분되었습니다. 그러나 영국 언론은 우리와 달랐습니다. 영국 채널4 ITN 네트워크의 뉴스 앵커 존 스노우는 구제역 사태가 한창이던 때에 기고한 칼럼에서 당시 보도를 이렇게 회고합니다. "'현장'으로부터의 정보… 질병으로 피해를 입은 사람들과 직접적으로 통신하여 얻은 정보. 이러한 정보는 토양협회나 기타 이익집단으로부터 온 홍보물이 아니라 사람에서 사람에게 온 이메일들이었다. 이들 메시지의 전체 내용은 농수산식량부나 누군가가 왜곡하는 정보를 능가했다. … 그래서 '시골의' 촌사람들이… 그들이 생전에 보지 못한 농촌 재난에 대해 이해할 수 있게 되었다."*

　우리나라의 경우, 출입처에 의존하는 뉴스 생산 관행은 현실의 고통을 제대로 포착할 수 없었고, 게이트키핑과 의제설정의 경직성은 뒤늦게라도 구제역 파동을 중심 의제로 설정할 수 있었던 기회를 놓쳤으며, 대중매체에

---

* 마이크 웨인(2003), 『마르크스, TV를 켜다』, 류웅재 외 옮김(2013), 한울아카데미, 88쪽에서 재인용 했습니다. 존 스노우 칼럼의 전체 내용은 http://www.sovereignty.org.uk/features/activistinf/snow.html 에서 확인할 수 있습니다.

의존해 세상을 알던 상당수의 시청자는 이미 피해가 번질 대로 번진 뒤에야 구제역 파동의 심각성을 알 수 있었습니다. 언론은 우리 사회의 알람이라고 할 수 있습니다. 무슨 일이 벌어지고 있는지 사회에 경고음을 울렸어야 했는데요. 구제역 파동과 관련해서 언론의 사이렌은 너무 늦게 터졌고, 그 소리도 작았으며, 때로는 울리지도 않았습니다.

4

PD 저널리즘

/

PD도 뉴스를 만든다

PD 저널리즘은 우리 사회에서 이와 같은 기존 언론의 한계를 보완하는 모습을 보여 주었기에 살펴볼 만한 가치가 있습니다. 간단히 말해 PD 저널리즘은 기자가 아니라 방송국 PD들이 주도하는 저널리즘입니다. 각 방송사는 하나 이상의 PD 저널리즘 프로그램을 갖는데요. KBS의 『추적 60분』, MBC의 『PD수첩』, SBS의 『그것이 알고 싶다』가 대표적인 PD 저널리즘 프로그램으로 손꼽힙니다. 역사도 깊지요. PD 저널리즘을 열었다고 평가받는 『추적 60분』은 1983년부터, PD 저널리즘의 질적 도약을 가져왔다는 『PD수첩』은 1990년부터, PD 저널리즘에 다양성을 불어넣은 『그것이 알고 싶다』는 1992년부터 시작합니다. 오랜 기간 시청자들의 사랑을 받을 수 있었다는 것은 그만큼 PD 저널리즘의 사회적 기여가 컸음을 의미합니다. 시청자들 또한 기자들의 뉴스와는 차별적인 PD 저널리즘을 이제는 익숙하게 받아들이고 있고요.

그런데 PD 저널리즘이란 용어가 이상하지 않나요? 앞서 저널리스트는 기록하는 자라고 말씀드렸습니다. 기록하는 자인 저널리스트에 특별한 자격이 필요한 것은 아닙니다. 그럼에도 굳이 저널리즘 앞에 PD를 덧붙인 이유는 한국의 독특한 저널리즘 환경 속에서 방송국 PD들의 뉴스 실천, 관행, 사회적 효과가 기자들의 그것과 많이 달랐기 때문입니다. 외국에서는 기자와 PD를 따로 구분하지 않습니다. 『인사이더』(1999)란 영화가 있는데요. 제가 이 영화를 흥미롭게 본 이유는, 1983년 『추적 60분』이 처음 시작하였을 때 주요하게 참조했던 것이 미국의 대표적 심층 시사 TV 프로그램 『60분』 (60 minutes)이었고, 영화 『인사이더』는 실화를 바탕으로 『60분』의 활약을 다루고 있었기 때문입니다. 『추적 60분』이 어떤 부분을 참고했을까 생각하며 보았지요. 그런데 확실한 것은, 영화에서는 PD나 기자를 구분하지 않고 『60분』 제작진 모두를 저널리스트로 부른다는 점입니다.

하지만 한국에서는 신문사라면 편집국, 방송사라면 보도국에 속해 있는 이들로 기자를 한정하는 풍토가 강합니다. 국가가 기자증을 발급해야만 정식 기자로 등록되던 시절도 있었고, 지금도 여전히 방송사는 PD와 기자를 따로 뽑습니다. 기자는 저널리스트라기보다는 언론사에 속한 특정 직업인이 되었지요. 그와 같은 한국적인 상황에서 PD 저널리즘은 기자들에게만 독점되었던 저널리즘에 다양성을 불어넣었습니다. 저널리스트를 기록하는 자라는 원론적인 의미로 확장할 수 있는 단초를 열었습니다. PD 조직은 언론사 조직 바깥에 위치했던 덕으로, 기존 기자들의 뉴스 선택·편집과는 차별적인 저널리즘을 펼칠 수 있었습니다. 텔레비전이란 미디어를 함께 공유

했음에도 불구하고 PD들은 다른 미디어 논리를 갖고 있었어요.

출입처가 없는 저널리스트

　겉으로 보이는 가장 큰 차이는 완성된 뉴스에서 나타납니다. PD 저널리즘 프로그램 중 아무거나 하나를 연상해 보세요. PD는 글뿐만이 아니라 영상까지 이용합니다. 신문기자와의 차이지요. 방송기자도 물론 영상을 활용하긴 하지만 어딘가 정형화된 데가 있어요. 하지만 PD들이 만든 프로그램은 편집의 강약 조절, 적절한 배경음악의 삽입, 기자의 딱딱한 보고가 아니라 성우나 PD의 문학적인 내레이션이 활용되지요. 이를 통해 PD는 사안에 대한 이성적인 접근뿐만 아니라 감성적인 접근에도 강점을 갖습니다. 더군다나 호흡도 길지요. 1분 30초 내외의 방송 뉴스나 원고지 10매 내외의 신문 기사와 달리, PD는 짧게는 십여 분에서 길게는 60분 내외의 방송 프로그램을 책임집니다. 하나의 사안에 대해 보다 다층적이고 심층적으로 접근할 수 있습니다. 방송 분량이 길다 보니 하나의 결론으로 향하는 기승전결의 내러티브가 자연스레 구축되고요. 기자가 사실 전달에 집중한다면, PD는 최종 결론을 내리기 위한 근거로 사실을 활용합니다.

　이와 같은 겉모습의 차이는 실은 속의 차이로부터 나오는데요. PD는 매일 뉴스를 생산해야 하는 압박으로부터 벗어나 있습니다. 기자는 뉴스의 흐름을 잇는 이들입니다. 출입처를 오가는 이유는 출입처로부터 안정적으로 뉴스를 공급받기 위함도 크지만, 동시에 출입처를 매일 점검하기 위함입니다. 어제와 다른 오늘의 출입처 특이 사항이 그 자체로 뉴스가 되어 데스크에 보고되고, 데스크는 이를 근거로 보충 취재 여부나 새로운 의제로의 이동을 판단합니다. 기자의 뉴스가 상대적으로 짧은 것은 오늘의 뉴스가 어제의 뉴스를 복기하며 내일의 뉴스를 예고하기 때문입니다. 반면에 PD는 출입처를 따로 두지 않습니다. 출입처 바깥에서 자유롭게 뉴스가치를 선별해 오랜 시간 파고듭니다. 출입처는 지배적 힘/권력 기관과 겹쳐 있다고 말씀드렸는데요. 출입처를 벗어나 있기 때문에 보다 바닥 민심과 가까울 수 있으며, 기존 기자들의 뉴스가치 관성에서도 벗어나 있습니다. PD는 흐름을 잇기보다는 흐름 아래로 가라앉아 뉴스의 깊이를 더하며, 때로는 아예 새로운 물길을 내는 이라 할 수 있겠군요. 기자와 달리 새로운 가치 체계와 그 속에서의 뉴스가치를 고민하는 이들이니까요.

그러다 보니 조직 문화도 기자와 PD가 달라요. 수직적 피라미드의 기자 조직과 달리 PD 조직은 한곳에 묶인 풍선 다발에 가깝습니다. PD를 중심으로 조연출, 작가, 자료 조사원이 팀을 구성해 협업하며 하나의 풍선을 이루고, 각 풍선들은 실로 묶여 한 지점에 고정되지요. 이 지점은 PD들을 총괄하는 데스크의 자리입니다. PD 또한 방송사에 속해 있고, 따라서 조직으로부터 완전히 독립할 수 있는 것은 아니지만, 풍선 다발에서 연상할 수 있듯 각 풍선은 빨강 풍선, 파랑 풍선, 별 풍선, 달 풍선처럼 서로 다른 개성을 갖습니다. 실들을 움켜쥔 데스크의 편집권도 언론사의 데스크처럼 강력하지가 않습니다. PD들이 만든 뉴스 프로그램은 편집을 어떻게 하느냐, 어떤 음악을 배경으로 덧입히느냐, 내레이션의 호흡을 어떻게 배치하느냐에 따라 최종 결과물이 달라지거든요.

99%의 분노,
저항하라!

2011년 가을부터 미국의 금융 중심지 뉴욕 월스트리트에서는 "우리는 99%이다" 라는 구호가 울려 퍼지기 시작했는데요. 2008년 촉발된 미국발 금융위기가 세계적인 경기 침체를 가져왔지만, 정작 원인을 제공한 금융사들은 구제되고 일반 대다수 서민들은 여전히 고통을 겪고 있는 상황에 대한 분노로 시민들이 모이게 된 것입니다. '월스트리트를 점령하라' 라는 운동으로 이름 붙여진 이 시위는 2011년 가을부터 다음 해 봄까지 지속되었고 동일하게 금융위기를 겪는 전 세계 주요 국가에서 이와 유사한 '점령하라' 운동이 촉발되었지요. 『PD수첩』은 이를 다룬 「99%의 분노, 저항하라!」 편을 2011년 11월 1일에 방송했습니다.

방송 내용을 보시면 PD 저널리즘이 어떻게 기자들의 저널리즘과 다른지 아실 거예요. 우선 인터뷰하는 사람이 훨씬 많습니다. 그리고 인터뷰한 이들은 대체로 시위 현장에 모인 시민들입니다. 가령 기자들이었다면 주로 경찰 당국이라든지 금융 당국의 책임자와 인터뷰를 했겠지요. 출입처에서 만날 수 있는 사람들이고 이들이 사회를 관리하는 이들이니까요. 하지만 『PD수첩』은 금융위기로 집을 잃어버린 노숙인, 시위를 하다 연행된 경험이 있는 대학생, 재정긴축으로 의료보험이 축소되어 불이익을 받은 재미교포 등 다양한 일반인들, 관리되는 이들을 카메라에 담습니다.

제작 기법도 확연히 다릅니다. 가령 『PD수첩』은 금융위기 탓으로 은행으로부터 집을 차압당해 거리로 내쫓긴 빌 존슨 씨의 이야기를 오랫동안 보여 주는데요. 그가 얼마나 자기 집에 애정을 갖고 있는지 구구절절 사연을 전해 주고 그가 사회에 갖는 분노 또한 담습니다. 결정적인 지점은, 기자들의 뉴스와 달리 『PD수첩』은 그에게 연민의 시선을 보낸다는 거예요. 인터뷰를 마무리할 때 자기가 살던 집 앞에 처량하게 앉아 있는 존슨 씨를 카메라에 담고, 그가 집을 꼭 되찾겠다고 다짐하며 차압당한 자신의 집을 어루만지며 쓸쓸히 뒤돌아서는 모습에 처연한 배경음악을 덧붙입니다. 존슨 씨를 담는 카메라 구도도 다릅니다. 황혼을 배경으로 처음 소개되는 장면이나 어두운 밤에 집을 어루만지는 뒷모습은 애처로움과 연민의 정서를 불러일으키지만, 그가 분노와 확신에 차서 월스트리트 점령 운동을 이야기하는 장면은 클로즈업으로 해서 보다 강렬하게 그의 메시지를 전하고 있습니다. 저울의 중심에 서서 양 편의 무게를 기계적으로 똑같이 재지 않습니다. 『PD수첩』은 존슨 씨 편에 서 있습니다.

반면에 기자들의 글은 자르고 오리기 편합니다. 기사량이 너무 적지는 않은 신문 기사 하나를 아무거나 골라 보세요. 그리고 아래서부터 한 단락씩 잘라 봅시다. 어느 정도 수준까지는 잘라 낸 단락이 없어도 전체 기사 내용에 지장이 없어요. 왜냐하면 신문 기사는 두괄식이거든요. 결론을 앞에 배치하고 그에 대한 부가적 설명이 추가적으로 뒤에 붙는 구조랍니다. 방송 뉴스도 마찬가지예요. 방송 뉴스 원고를 따로 구해 보신다면 동일하게 두괄식 구조임을 아실 수 있을 것입니다. 그래야만 데스크가 다른 뉴스들과의 비교 속에서 시간이나 지면에 맞게 많은 기사를 배치하고 조립할 수가 있기 때문이지요. 기사가 길면 끝에서부터 자르면 되니까요. 하지만 PD들이 만든 뉴스 프로그램은 미괄식이에요. 프로그램 하나가 전체 뉴스가 되는 것이지요. 그렇기 때문에 처음에는 배경을 깔고 시청자를 끝까지 텔레비전 앞에 붙들어 놓아야 하며, 드라마나 영화처럼 마지막에 결정적인 결론을 제시하는 구조가 일반화되어 있습니다. 이 과정에서 직접 프로그램을 제작하지 않은 데스크의 편집권은 제한될 수밖에 없습니다.

그러나 여기서 눈여겨봐야 할 것은 PD 저널리즘에서 데스크의 결정권은 직접적으로 프로그램 전체와 관계하고 있다는 점입니다. PD와 데스크는 완성된 프로그램을 놓고 이것을 방송할지 말지를 직접 소통합니다. PD 조직은 기자 조직과 비교해 볼 때 데스크까지 오르기 위한 관문(gate)이 적기 때문이지요. 그렇다고 게이트키핑이 취약하거나 없는 것은 아닙니다. PD, 조연출, 작가, 자료 조사원이 협업하며 프로그램을 다듬고, 어쨌거나 최종 방송 여부에 대한 결정권은 데스크가 갖고 있으니까요. 그러나 기자와 비교해 볼 때, 데스크와 실제 뉴스를 만든 이와의 거리가 한결 가까운 것은 사실입니다. 사회 전체를 관리하기 위해 세밀하게 분업화된 기자 조직과, 하나의 아이템에 집중해 그것을 돌출시키는 데 주력하는 PD 조직의 차이일 것입니다.

그 프로그램은 위험하다!?

상대적으로 유연한 조직 구조를 갖는 PD 저널리즘은 기존의 뉴스 흐름 바깥에서 새로운 의제를 발굴하거나, 같은 의제라도 영상매체의 특성을 활용해 보다 폭발적으로 의제를 엮을 수 있는 강점을 갖습니다. 최근 몇 년간 한국 사회를 뒤흔들었던 핵심 의제 중 여럿이 PD 저널리즘으로부터 시작되었음이 이를 반증합니다. 2005년에는 줄기세포 연구의 세계적 권위자이자 정부와 국민들로부터 전폭적인 지지를 받았던 황우석 전 서울대 교수 연구팀의 불법 난자 매매와 연구 조작을 폭로해 사회적으로 커다란 충격을 안겼고, 2006년에는 한미 FTA 협상에 반대하는 내용을 심층적으로 다루어 미국과 협상을 추진 중이었던 정부와 첨예하게 대립했습니다. 2008년에는 광우병의 위험을 널리 알려 미국산 쇠고기 수입 반대 촛불 시위를 자극한 결정적 계기가 되었고요.

워낙 PD 저널리즘이 터뜨리는 의제의 폭발력이 커서 어떤 사람들은 PD 저널리즘을 불편해하기도 합니다. 때로는 내레이션으로, 때로는 음악으로, 때로는 영상 편집으로 격한 감정적 반응을 유도하기 때문에 정작 뉴스가 전해야 할 사실은 뒷전에 머무르고 선전과 선동만 남는 것은 아닌지 의구심을 던지는 것이지요. 별면에서 『PD수첩』의 사례를 살펴보며 빌 존슨 씨의 이야기를 드렸는데요. 존슨 씨의 사연이 끝나자마자 경찰이 시위에 나온 시민을 주먹으로 구타하는 장면이 뒤따릅니다. 그것도 같은 장면을 한 번은 정상 속도로, 이어서 다시 슬로우 비디오로 두 번 보여 주고요. 여기에 갑작스런 경찰의 폭행에 소스라치게 놀라는 시민들의 괴성이 길게 이어집니다. 위기감을 불러일으키는 배경음악까지 더합니다. 이를 통해 시청자들은 손쉽게 무고한 존슨 씨 혹은 시민들과 그들을 무력으로 진압하는 나쁜 행정 당국이라는 선악 구조에 빠지게 되지요.

또 PD 저널리즘이 시청자들의 주목을 쉽게 얻기 위해 선정적 소재에 빠질 가능성이 높은 것도 사실입니다. 예를 들어 요즘 많은 PD 저널리즘 프로그램들은 살인, 폭행과 같은 범죄 이야기에 집중하고 있는데요. 필요 이상으로 길고 구체적인 범행 방법의 재연과 동기 추적, 피해자나 가해자 가족에 대한 무리한 몰래카메라 취재는 소재주의이며 선정주의란 비판에서 자유롭지 못합니다. 더불어 PD들의 간소한 게이트키핑을 문제 삼으며 뉴스의 검증, 정제, 보완의 절차가 취약한 것은 아닌지 우려하는 목소리도 있고요. 물론 그와 같은 위험성이 PD 저널리즘에는 있습니다.

그런데 말입니다. 이 위험성은 비단 PD뿐만이 아니라 모든 저널리스트에게 해당하는 것이지요. 나쁜 PD 저널리즘이 있듯, 나쁜 기자 저널리즘도 있습니다. 영상뿐만 아니라 글 또한 선전, 선동의 수단이 될 수가 있고요. 소재주의와 선정주의가 텔레비전만의 문제는 아니지요. 게이트키핑 역시도 우리가 구제역 사례에서 보았듯이 약점이 있습니다. 그럼에도 불구하고 이것이 모두 'PD 저널리즘 탓이다'라고 말하는 것은 지나치게 부정적인 점만을 부풀리는 것 같습니다. 저는 이렇게 생각합니다. 그것이 PD 저널리즘이건 기자 저널리즘이건 간에 뉴스는 그 사회적 효과가 크기 때문에 언제나 신중에 신중을 기해야 한다고 말입니다. PD 저널리즘을 향한 불안한 시선에는 새로운 저널리즘에 대한 기존 저널리즘의 불안감이 반영되어 있는 것도 같습니다.

물론 두 저널리즘이 같은 것은 아닙니다. 하지만 그렇다고 해서 차이가 차별이 돼서는 안 되겠지요. 저는 PD 저널리즘과 기자 저널리즘은 서로 다른 취재 영역을 갖는다고 생각합니다. 비유하자면 기자들은 정규군입니다. 최고 군 수뇌부를 필두로 예하에 수많은 부대를 갖추어 만일의 위험에 대해 만반의 준비 태세를 갖춘 조직입니다. PD는 특수부대일 것입니다. 특수한 목적에 맞추어 기동성 있게 적을 타격하는 조직 말입니다. 정규군 없이 특수부대가 존재하지 않으며, 특수부대가 없다면 정규군의 효율성도 떨어집니다. 그러므로 어떤 저널리즘이 앞서냐를 묻기보다는 두 저널리즘은 서로를 보충하고 보완한다고 보는 편이 옳습니다. 실제로 최근에는 기자는 PD의 작업 방식을, PD 또한 기자의 작업 방식을 참조하면서 둘 사이의 차이를 좁히려는 노력들이 실험 중입니다. 기자의 과도한 출입처 의존 관행이나 매일의 뉴스 생산 압박은 뉴스 기획팀, 심층 보도팀이 구성되면서 보완되고 있고요. PD 저널리즘에서는 PD, 조연출, 작가, 자료 조사원 사이의 상호 점검이 강화되는 추세입니다. 더욱이 『조선일보』, 『중앙일보』, 『동아일보』, 『매일경제신문』, 『연합뉴스』 등의 전통적 신문매체 또한 2011년부터 종합편성 채널을 운영하게 되면서 글이 아닌 텔레비전을 통한 뉴스 전달과 텔레비전의 미디어 논리를 배워 가는 중이지요. PD 저널리즘은 새롭게 출범한 종합편성 채널이 참고하는 주요 참고문헌입니다.

그런데 이 지점에서 다시 한 번 드는 의문이 있습니다. 기자 저널리즘과 PD 저널리즘이 서로를 보완하고 보충하지만 그래도 나쁜 뉴스는 나오기 마련이거든요. 이를 제어할 수 있는 근본적 방법은 무엇일까요? PD 저널리즘이나 기자 저널리즘 모두 신문·방송과 같은 대중매체를 통해 전달되며 이는 소수의 매체가 다수의 대중에게 일방적으로 정보를 나른다는 한계를 공유합니다. 민주적이지 못하고 뉴스 생산자와 뉴스 소비자가 서로 균형적이지 않습니다. 좋은 뉴스를 만드는 것도 중요하지만, 나쁜 뉴스가 나올 때 이를 어떻게 사회적으로 감시하고 견제할 것인가도 중요한 문제로 부상합니다. 이에 대해서는 다음 장에서 본격적으로 살펴보도록 하겠습니다.

4장

불량 뉴스에
대처하는
우리의 자세

언론과 권력의 부당 거래

언론, 신뢰가 안 가는 감시견

일반 시민들이 우리나라의 사회 지도층에게 보내는 신뢰는 매우 낮은 편입니다. 여기 관련된 통계 자료가 있습니다. 기획재정부는 지난 2012년 1월에 『2020년 한국 사회의 질적 수준 제고를 위한 미래연구』 보고서를 발간합니다. 일반인과 전문가들을 대상으로 사회 지도층에 대한 인식을 조사했군요. 응답자들의 평가는 예상보다 더 박했습니다. 사회 지도층의 준법 수준은 10점 만점에 3.81점, 정부 및 재계·관계 투명성은 2.5점, 솔선수범은 2.67점입니다. 처참합니다. 2020년에는 개선될 것으로 예상했지만, 그마저도 각각 4.83점, 4.29점, 4.48점으로 절반인 5점에도 미치지 못합니다. 어쩌다 이 지경까지 이르렀을까요? 가장 큰 책임이야 사회 지도층 본인들에게 있을 것입니다. 뉴스에서 자주 지적된 그들의 도덕 불감증이나 비리, 부정부패가 근본 원인입니다.

　더불어 언론의 책임도 살펴야 합니다. 언론은 흔히 우리 사회의 알람에 비유되는데요. 알람보다 더 자주 비유되는 것은 감시견입니다. 언론이 제대로 집을 지켰는지, 행여나 도둑을 반기고 꼬리를 친 것은 아니었는지, 설상가상으로 주인을 몰라보고 대들지는 않았는지 냉정히 따져 봐야겠습니다. 보고서가 언론의 신뢰도를 직접 묻지는 않았지만 미디어의 공정성 항목이 10점 만점에 3.35점이었던 것으로 보아 언론에 대한 불신, 냉소, 절망 또한 크다고 생각합니다. 언론의 감시가 제대로 작동하지 않는다는 우려겠지요. 언론이 심판이기보다는 많은 경우 선수로 뛰어서 게임의 공정성을 훼손했다는 불만일 것입니다.

　그러나 모순되는 지점이 있습니다. 엄밀히 말해 우리가 사회 지도층의 부정부패와 비리를 아는 것은 언론 덕입니다. 뉴스가 없었다면 그 소식을 알 수조차 없었겠지요. 단적으로 지난 2010년 11월에 MBC 심층 시사 프로그램 『시사 매거진 2580』은 SK그룹의 재벌 2세 최 모 사장이 야구방망이와 주먹으로 50대 노동자를 폭행하고 매 값으로 2천만 원을 줬다고 보도해 사회적으로 커다란 파장을 낳았습니다. 여론은 들끓었고 문제의 재벌 2세는 결국 법정에 서게 됩니다. 언론 보도가 없었다면 유야무야되었을 사건이었습니다. 우리 사회의 사회 지도층에 대한 불신은 이처럼 언론이 사회적 알람이나 감시견으로서 제 역할을 충실히 수행했다는 것을 의미할 수도 있습니다. 그런데 왜 많은 일반 시민들은 언론의 공정성에 불만을 갖는 것일까요? 한 가지 추론이 가능합니다. 경우에 따라서는 언론이 제 역할을 하지만 그럼에도 불구하고 혹시 언론도 결국엔 사회 지도층에 포함된다고 생각하는 것은 아닐까요? 혹은 사회 지도층의 부정부패가 뉴스를 통해 알려진 것보다 훨씬 많은데, 언론이 게이트키핑과 의제설정을 통해 이를 축소하거나 감춘다고 의심하는 것은 아닐까요? 언론의 공정성에 대해 일반 시민들이 갖는 불만은, 언론과 사회 지도층 사이에 존재하는 은밀하고도 밀접한 공모 관계를 은연중에 폭로하는 것일 수도 있습니다.

왜 김 기자는 주 검사와 술을 마셨을까

관련하여 영화 『부당거래』(2010)는 기득권과 언론 사이의 정당하지 못한 관계를 그럴듯하게 묘사해 흥미롭습니다. 현직 기자가 영화 대본을 감수했습니다. 영화 속 모습이 완전한 허구는 아니라고 생각합니다. 최소한의 사실성은 있을 것입니다. 그런 이유로 일종의 우회로로서 영화 『부당거래』를 살펴보도록 하지요. 언론과 기득권에 대한 불신 중 상당수는 직접적인 사실에 근거하기도 하지만, 영화, 드라마 등 다양한 대중문화 속 내용이 쌓여 굳어진 측면도 크니까요.

우선 사소한 하나는 영화 자체에 관한 것입니다. 영화가 뉴스를 이용한 방식입니다. 『부당거래』는 이야기를 맺고 끊기 위해 뉴스를 사용합니다. 만화, 소설, 연극, 영화와 같이 극적 이야기를 전하는 작품들은 **작은 이야기들**(plots)이 모여 **큰 줄거리**(story)를 만들어요. 대체로 완성도가 높은 작품일수록 작은 이야기들은 큰 줄거리와 조화롭습니다. 창작자의 가장 큰 고민은 '어떻게 작은 이야기들을 효과적으로 배치해, 이를 큰 줄거리 속으로 유기적으로 담아낼 것인가'일 텐데요. 『부당거래』는 영리하게도 뉴스를 이용합니다. 뉴스를 보고 영화 속 검찰, 경찰, 기업인 등의 문제를 파악하고, 이들 간의 다툼이 정리되면 다시 뉴스가 되받아 보도하는 가운데, 작은 이야기가 큰 줄거리 속으로 맞물리는 방식입니다. 뉴스로 첫 장면을 시작하고 기자의 취재 장면을 끝으로 마지막 엔딩 타이틀이 올라오는 수미상관적 구성 또한 인상적입니다. 생각해 보면 우리가 사회를 이해하는 방식도 『부당거래』의 시나리오 작법과 비슷합니다. 우리는 매일의 뉴스를 통해 어떤 이야기들이 우리 사회 속에 존재하는지 단편적으로 알게 되고, 연속되는 뉴스의 흐름을 좇아 사회의 큰 줄거리를 그리니까요. 뉴스는 사회의 작은 이야기들과 큰 줄거리를 잇는 실과 바늘이라 할 수 있습니다.

두 번째는 이번 장의 주제와 맞닿습니다. 언론과 권력 사이의 관계입니다.

영화에는 조연으로 김 기자(오정세 분)가 등장합니다. 그가 나오는 장면은 단 세 장면뿐이지만 강렬한 존재감을 뿜냅니다. 첫 장면은 주인공 주양 검사(류승범 분)의 봉사 활동 현장입니다. 김 기자는 사람 좋은 웃음으로 주 검사에게 다가가 검사들의 대민 봉사 활동을 취재하지요. 영화는 보여 주지 않았지만 아마도 검찰이 보도자료를 배포하여 미리 출입처 기자들에게 알렸을 것입니다. 검찰에 대한 긍정적 이미지를 대외적으로 홍보할 수 있는 좋은 기회였을 테고요. 둘은 가벼운 농담도 섞으며 안부를 물을 정도로 가깝습니다. 두 번째 장면은 주 검사와 김 기자가 심야에 만나 술을 먹는 장면입니다. 고급 술집이고 둘 사이에서만 대화가 오갈 수 있도록 독립된 공간입니다. 분위기를 보니 주 검사가 마련한 자리군요. 거나하게 취할 정도로 자리가 무르익자 주 검사는 자신에게 유리한 내용의 기사를 청탁합니다. 검찰 내부 자료를 슬쩍 흘리면서 말입니다. 김 기자는 처음에는 거절하지만 거듭되는 설득에 못 이기는 척 정보를 캐묻습니다. 단독으로 특종을 보도할 수 있는 절호의 기회였을 것입니다. 세 번째 장면은 영화의 마지막 장면입니다. 비리가 폭로된 주 검사를 취재하려고 기자들이 검찰청 앞에 진을 치고 있습니다. 김 기자도 그중 하나입니다. 조사를 받기 위해 검찰청으로 들어오는 주 검사와 마주치지만, 마치 모르는 사이인 것처럼 서로 고개를 돌립니다. 이해관계가 틀어질 경우, 냉정하게 선을 긋는 권력의 속성을 보여 주는 것 같습니다. 재미있는 것은 이 세 장면의 시간이 각각 낮, 밤, 낮이고 공간은 야외, 실내, 야외라는 점입니다. 밝은 햇살이 비추는 열린 낮에는 언론의 공식적인 취재 영역을, 밤의 인공조명 아래의 폐쇄된 밀실에는 접대와 같은 언론의 비공식적 영역을 배치하였습니다. 우연이 아니겠지요. 언론을 바라보

는 감독의 시각이 반영되었을 것입니다.

이 중 저의 관심사는 두 번째 장면, 그러니까 언론의 밤이자 밀폐된 비공식적 영역입니다. 검사와 기자가 은밀하게 만나 무엇을 뉴스로 엮을지, 혹은 무엇을 뉴스에서 빼야 할지를 접대와 향응, 특종과 여론 조작을 대가로 조율하는 장면은 충격적이고 분노를 일으킵니다. 외부의 힘에 의해 게이트키핑과 의제설정이 이루어집니다. 뿐만 아니라 김 기자가 등장한 세 장면에서 그가 상대하는 이가 모두 주 검사였다는 점도 눈여겨봐 두어야지요. 김 기자는 공적으로든 사적으로든 힘없는 자와 멀고, 힘 있는 자와 가깝습니다. 겉으로는 정론직필(正論直筆), 즉 바르게 생각하고 올곧게 적는다고 하면서도 속으로는 권언유착(權言癒着), 다시 말해 권력 있는 자에게 붙어 함께 공생하는 언론의 모습은 무척이나 씁쓸하게 다가왔습니다.

기자 윤리강령과 구조적 불량품

지난 2011년 10월 6일, 『경향신문』은 창간 65돌을 맞아 파격적인 지면 편집을 선보였습니다. 각 신문이 서로의 의제설정을 뽐내기 위해 심혈을 기울이는 1면을 단지 기자 윤리강령으로만 채웠습니다. **기자 윤리강령**은 한국기자협회에서 제정한 것으로, 기자협회에서 기자들에게 나눠 주는 기자 수첩의 제일 첫 면에도 인쇄되어 있습니다. 기자가 취재 현장에서 언제나 숙지하고 지켜야 할 덕목이자 규범이라는 이야기지요. 모두 열 가지입니다. 그중 몇몇을 인용해 보면, "우리는 권력과 금력 등 언론의 자유를 위협하는 내

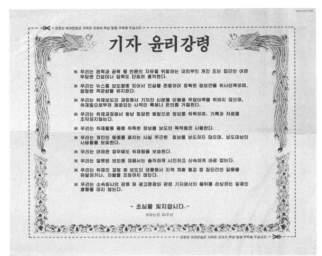

외부의 개인 또는 집단의 어떤 부당한 간섭이나 압력도 단호히 배격한다",
"우리는 뉴스를 보도함에 있어서 진실을 존중하여 정확한 정보만을 취사선
택하며, 엄정한 객관성을 유지한다", "우리는 취재보도의 과정에서 기자의
신분을 이용해 부당이득을 취하지 않으며, 취재원으로부터 제공되는 사적
인 특혜나 편의를 거절한다"입니다. 일부만 인용했을 뿐인데도 이미 『부당
거래』의 기자와는 거리가 멉니다. 김 기자는 취재원으로부터 향응과 접대를
받고, 취재원의 편에 서서 기사 청탁을 수락하며, 기사의 전체적인 방향까
지도 취재원과 논의하였습니다. 물론 이러한 모습이 전혀 낯설지는 않습니
다. 대체로 대중문화 속의 기자는 기자 윤리강령에서 기대하는 것처럼 매우
정의롭든지, 아니면 『부당거래』처럼 매우 부패한 모습으로 그려지곤 했습니
다. 그런데 한 가지 의문이 드는군요. 왜 기자는 이 양극단에서 이것 아니면
저것으로 묘사되는 것일까요? 실제로 기자 사회에서 나쁜 기자와 좋은 기자

는 물과 기름처럼 분리되는 것일까요? 이 둘 사이의 접점은 과연 없을까요?

　서로 모순되는 두 가지를 조화하는, 아마도 가장 쉽고도 마음 편한 길은 『부당거래』와 같은 나쁜 기자는 허구이며, 행여나 현실 속에 존재하더라도 극히 일부 기자들의 일탈에 불과하다고 여기는 것입니다. 하지만 이렇게 넘어가기에는 『경향신문』 1면의 파격이 과합니다. 『경향신문』이 2011년에 1면 전체를 기자 윤리강령으로 채운 것은 특별한 의미가 있습니다. 근래 들어 그 어느 때보다도 기자 윤리가 절실하게 요구된다는 뜻이겠고, 관성에 젖어 자칫 기자 윤리를 잊어버리는 일을 경계하자는 뜻이겠지요. 그러나 이와 같은 강조는 마치 현실 속에서 기자 윤리를 지키기가 무척이나 어렵다는 점을 스스로 고백하고 있는 것 같습니다. 우리는 이 지점에서 쉽고 마음 편한 자기 위안이 아니라, 스스로를 부정하는 어렵고도 뼈아픈 길을 걸어야 합니다. 영화 속 기자가 진짜고, 기자 윤리강령은 현실의 나쁜 기자를 가리는 알리바이라고 말입니다. 오해를 피하기 위해 덧붙이자면, 『부당거래』의 김 기자가 실제로 많다는 이야기가 아닙니다. 남다른 소명의식으로 좋은 뉴스를 만드는 기자는 많습니다. 다만 아흔아홉 명의 착한 기자가 있다 할지라도 단 한 명의 나쁜 기자가 전체 기자의 평판을 좌우합니다. 그리고 그 한 명의 나쁜 기자는 단지 개인의 기자 윤리가 부족해서가 아니라, 그 혹은 그녀가 언론사에 속한 기자이기 때문에 어쩔 수 없이 발생하는 '구조적 불량품'일 수 있습니다.

　'구조적 불량품'이라는 말이 조금은 어려운데요. 단순화의 위험성을 무릅쓰고 말씀드린다면 구조란 경향성에 가깝습니다. 어떤 구조에 놓이게 되면 각자의 의지와 상관없이 그 구조의 흐름에 쏠릴 수밖에 없다는 이야기지요.

예를 들어 탁자의 다리가 짝짝이라 탁자 위에 놓인 물건이 자꾸 떨어지는 경우를 생각해 봅시다. 지우개처럼 마찰계수가 높은 물건이라든지 네모난 상자나 무거운 추처럼 잘 안 떨어지는 물건들이 있기는 합니다. 하지만 그렇다고 해서 물건이 떨어지고 안 떨어지고를 물건 탓으로 돌릴 수는 없지요. 기울어진 탁자 위에 놓인 물건은 구조적으로 떨어지기가 쉽습니다. 물건 탓만 하다 보면 짝짝이 다리 탁자라는 구조를 보지 못합니다.

　나쁜 기자가 '구조적 불량품'이라는 이야기도 마찬가지입니다. 언론이라는 탁자 위에 기자가 놓여 있는데, 탁자의 다리가 짝짝이고 기울어져 있어서 기자들이 자주 언론 바깥으로 떨어져 나간다는 이야기입니다. 제자리에서 제 역할을 해야 할 기자들이 위치를 지키지 못하고 휩쓸려 다니거나, 때로는 아예 땅에 떨어져 커다란 파열음을 내기도 합니다. 물론 좋은 기자들은 이런 구조에 휩쓸리지 않고 열심히 제자리를 지키고, 제 역할을 수행하려 노력하겠지요. 하지만 이 문제를 그들이 애초부터 좋은 기자였느냐, 아니면 원래 나쁜 기자였느냐란 식으로 바라보면 기울어진 탁자, 즉 구조를 놓칩니다. 물건을 탓하기 전에 먼저 할 일은 도대체 탁자의 어느 다리가 짝짝이냐를 아는 일입니다. 그런 이후에 탁자의 다리를 맞추는 일을 해야겠지요. 살펴보니 기자 윤리강령은 언론을 지탱하는 네 개의 탁자 다리 중 하나입니다. 문제는 다른 세 개의 탁자 다리가 휘어 있거나 길이가 제각각이라는 점입니다.

2

불량 기자 만드는 구조

/

기자가 우리의 알 권리를 대표한다는 믿음

우선 첫 번째로 지적할 수 있는 구조적 문제점은 기자의 **대표**(representative) 행위가 갖는 정당성에 대한 것입니다. 영어 단어에서 짐작할 수 있듯, 대표는 재현(representation)과 깊은 관계를 맺는데요. 재현은 생각이나 사물을 다시-나타나게 하는 것입니다. 그런데 이 과정 속에서 결과적으로 많은 생략과 왜곡, 변형이 이루어집니다. 한번 재현이 이루어지면, 재현된 것은 애초에 재현하려 했던 것을 대신합니다. 그리고 이 대신함을 통해 재현된 것이 다른 모든 것들 중에서 대표가 되고요.

예를 통해 이해하는 편이 훨씬 쉽겠군요. 지난 2004년의 '쓰레기 만두' 보도는 재현의 극단적 대표성을 보여 줍니다. 당시 한 언론매체가 특종으로, 시중에 유통되는 만두에 음식물 쓰레기가 담겨 있다고 고발했습니다. 우리가 즐겨 먹는 간식에 '쓰레기 만두'라 자극적인 이름을 붙였지요. 뉴스가 전해지고 논란이 일자 다른 언론사들도 뒤따라 이 소식을 전했습니다. 그 결과 당시 전국의 만두 판매량이 급감했으며, 많은 만두 제조업체들이 도산했습니다. 한 중소 만두 제조 기업 대표는 신병을 비관해 자살하기까지 했습니다. 그런데 사실을 찬찬히 살펴보니 해당 언론사가 최초에 '음식물 쓰레기'라고 불렀던 것은 실은 단무지의 양 꼭지였습니다. 보통 단무지 꼭지는 안 먹잖아요. 김밥을 싸다 보면 주로 버리게 되는데요. 이것을 갈아 만두소로 만든 게 과연 '쓰레기 만두'라고 부를 만한 것이었을까요? '쓰레기 만두'는 잘못된 재현이었습니다. 백번 양보해 식재료로 부적합할 수 있다손 치더라도 '쓰레기 만두'는 아니었습니다. 하지만 일단 '쓰레기 만두'로 재현되자마자 원래 재현하려 했던 것은 사라지고 오로지 자극적인 말만 남아 사회적으로 커다란 파장을 낳았습니다. 재현이 어떻게 재현하려 했던 것을 대신하고 대표하며, 사건의 수많은 의미를 가리는지를 잘 보여 주는 예일 것입니다.

대표는 원래 법률 용어로 권한을 위임받거나 위임하는 행위를 뜻합니다. 법을 통해 책임과 권한을 명확하게 규정하고 이를 다른 이에게 대신하도록 한다는 이야기입니다. 물론 각자가 자신의 책임하에 직접 권리를 행사해야 옳겠지만, 여러 이유로 누군가가 우리를 대신해야 하는 상황이 있습니다. 가령, 오늘의 의회 민주주의를 **대의제 민주주의**(representative democracy)라고 하는데요. 민주주의의 본뜻은 민중(民, demo)에 의한 지배(主, cracy)입니다. 우리 모두가 각자 자율적인 결정권과 책임을 갖고 있음을 의미합니다. 하지만 모든 이가 정치에 직접 참여하기에는 현실적으로 한계가 있습니다. 때문에 국회의원이나 정치인이 우리를 대신하고 대표하도록 제도화하였습니다. 민주주의 앞에 대의제란 수식어를 붙이고 한정된 몇몇이 여러 사람들의 의중을 대신하고 대표하는 것입니다. 큰 권한과 책임을 건넨 만큼, 대리하고 대표하는 자를 감시할 수 있는 제도적 견제 장치는 필수적일 것입니다. 선거 때마다 투표를 강조하는 이유가 여기에 있지요. 주기적인 선거를 통해 부적절한 대표자는 거르고, 우수한 대표자는 재신임해야 합니다.

그럼에도 불구하고 대의제 민주주의는 대표자의 부패를 아예 뿌리 뽑지 못합니다. 사회 지도층에 대한 불신과 절망은 우리를 대표하는 사람이 감시와 견제의 눈을 요리조리 피하며 사익만 추구하고 있다는 실망감에서 비롯합니다. 문제는 그뿐만이 아닙니다. 보다 근본적으로는, 재현의 한계와 동일하게 대표의 한계가 발생합니다. 대표자는 모두를 대신할 수가 없습니다. 대표해야 하는 사람이 많으면 많을수록 한계는 더 크지요. 대표자는 언제나 우리 중 일부만을 대신하고 대표할 뿐입니다. 국회에서 제정되는 많은 법률들이 찬성과 반대로 갈리는 것은 이를 반증합니다. 강력한 이익단체의 로비에 이끌리거나, 때로는 소신이라는 이름으로, 때로는 어쩔 수 없다는 이유로 자신이 대표하는 사람들의 뜻에 어긋나는 경우도 많습니다. 대표되는 입장에서 볼 때, 제 일을 남이 대신 해 주는 것에 성이 찰 리가 없습니다. 대표는 차선이지, 최선은 아닐 것입니다.

그렇다면 기자는 어떨까요? 기자 역시 우리의 알 권리를 대신하고 대표합니다. 앎은 커뮤니케이션입니다. 앎이란 앎의 대상을 재현하고, 해석하며, 상상해 내고, 그럼으로써 앎의 전후가 변화하는 행위입니다. 어찌 보면 많은 커뮤니케이션 행위는 앎을 얻으려 하는 것인지도 모릅니다. 다른 사람을 알고, 나를 알고, 세상을 알려는 것이 커뮤니케이션의 주요한 동기 중 하나

이니까요. 그런 의미로, 알고자 하는 욕망은 모든 이들이 차별받지 않고 누려야 하는 권리, 즉 보편적 권리입니다. 다만 세상이 복잡하고 개인이 알 수 있는 앎의 범위 또한 협소한 이유로 누군가가 우리의 알 권리를 대신하지요. 바로 언론과 기자입니다. 언론사나 기자가 언론의 자유를 누리고 국민의 알 권리를 대신하는 이유는 이들이 일반 시민들의 커뮤니케이션을, 즉 우리들의 보편적 알 권리를 보다 넓게 열고 깊게 엮으며 널리 나르는 가운데 우리를 대표하기 때문입니다. 대의제 민주주의와 마찬가지로 오늘날 방송사나 각종 언론사 등이 주도하는 저널리즘은 **대의제 저널리즘**입니다.

그러나 똑같이 '대의제' 란 수식어가 붙을지라도 대의제 민주주의와 대의제 저널리즘은 커다란 차이가 있습니다. 우리는 기자를 감시하거나 견제할 수 있는 제도적 장치를 갖지 못합니다. 기자는 선거와 같은 국민들의 선출이나 재신임 절차도 없을뿐더러, 기자가 소속된 곳은 엄밀히 말해 언론사, 즉 회사입니다. 회사가 기자를 뽑지요. 기자가 대표해야 할 독자나 시청자는 멀리 떨어져 있습니다. 반면에 기자를 직접 뽑고 관리하는 회사는 가까이 있습니다. 기자는 우리보다 회사의 이익을 대리하고 대표하려는 유혹에 쉽사리 노출됩니다. 우리를 대신하는 기자의 대표권을 제도적으로 보장하지 못한 채, 기자를 감시하고 견제할 수 있는 장치 또한 갖지 못한 채, 기자 개인의 소명 의식이나 사명감에 호소해서 보다 질 좋은 뉴스를 만들어 달라고 주문하는 것은 순진한 발상입니다. 차라리 나쁜 뉴스로의 유혹은 언론이란 탁자를 기울게 만드는 주요한 요인 중 하나라고 생각하는 편이, 문제를 구조적으로 바라보는 첫걸음일 것입니다.

아무나 기자를 할 수 없다?

두 번째는 **앎 자체에 붙는 권력**의 문제입니다. '아는 것이 힘'이란 말이 있습니다. 네, 그렇습니다. 앎은 힘이자 권력입니다. 하지만 단순히 '지식을 많이 쌓으면 여러 상황에 적용하기 쉽고 살아가기 편리하다'란 의미가 아닙니다. 앎 혹은 지식은 일반적 믿음과 달리 결코 중립적이거나 자연스럽지 않습니다. 몰래카메라로 실험을 했습니다. 병원에 가짜 의사를 준비하고 가짜 진료를 했습니다. 감기 환자에게 최대한 빨리 제자리 뜀뛰기를 해 보라든지, 몸살 환자에게 최근에 노래방을 다녀온 경험이 있냐고 물어본다든지, 소화불량 환자에게 코끼리 코를 하고 다섯 바퀴를 돌아 보라든지 등등의 엉뚱한 질문과 주문을 했는데요. 실험 결과 나이, 학력, 성별과 상관없이 환자 대부분이 별다른 토를 달지 않고 의사의 지시를 따랐습니다. 상황이 우스꽝스럽다는 것을 환자들이 모르지는 않았습니다. 그러나 상대방이 의사이고, 그에 따라 내가 알지 못하는 전문 의료 지식을 상대는 갖고 있으리라는 생각이 들었을 것이며, 의사는 진료하고 환자는 진료받는 병원이라는 장소의 특수성이 더해져 환자들은 움츠러들고 어리숙해졌습니다. 여기에 의사가 지닌 의료 지식의 엄밀성, 정확성, 과학적 지식의 중립성은 결코 문제가 되지 않았습니다. 의사의 지식은 다른 사람을 자신의 의지에 따라 행동하도록 만드는 권력이 되었습니다.

이처럼 앎은 단지 지식의 축적과 확장, 개인적 호기심의 충족에만 머물지 않습니다. 많이 아는 자가, 그리고 그 앎이 전문적이고 독립적이며 배타적일수록, 더불어 앎을 공유하는 이들끼리 그들만의 앎의 규칙을 세워 나갈수록, 앎의 힘은 강해집니다. 의사의 예를 더 살펴보지요. 의사들이 진료 기록 카드에 알아보기 힘들게 흘려 쓴 영어 글씨, 의사가 되기 위해 거쳐야 하는 의사 국가고시, 인턴과 전공의를 거느리고 마치 환자를 사열하듯 진행하는 대학 병원의 회진 등등은, 앎 자체의 맞고 틀림에 앞서, 앎에 붙은 힘과 권력을 눈에 띄지 않도록 하고 이를 사람들이 자연스럽게 받아들이게끔 합니다. 의사의 권위를 더해 주지요. 지식, 그리고 지식에 결부된 관행들이 그들을 우리와 분리합니다. 환자가 의사의 부당한 지시를 따를 수밖에 없었던 것도 의사가 주문한 내용이 맞아서가 아닙니다. 의사가 보다 많은 의료 지식을 갖고 있고, 지식을 공식적으로 인정하는 수많은 사회적 배경들이 존재하며, 그를 통해 의사가 말한 내용이 맞는 것처럼 보이도록 하는 사회적 권력이 작동하기 때문입니다.

　같은 문제를 기자에게도 적용할 수 있습니다. 기자는 알려는 자입니다. 질문하고 캐는 사람입니다. 앎으로부터 떨어질 수 없습니다. 거리를 거닐다가 갑작스럽게 기자를 만나 인터뷰를 했다고 생각해 보세요. 몸이 굳습니다. 표준말을 써야 할 것 같고, 긴장되며, 인터뷰가 끝나고 나서도 내가 과연 질문에 맞게 답을 했나 한참 고민할 겁니다. 특별한 잘못을 하지 않았음에도, 기자가 물리적 위협을 가하지 않았음에도 불구하고 말입니다. 기자가 권력으로 다가왔다는 반증입니다. 기자와 인터뷰에 응한 사람 사이에, 알려는 자와 답하는 자 사이에, 힘의 불균형이 발생합니다. 그런데 여기서 한 가지 의문이 드는군요. 기자가 지식을 구하는 자이기 때문에 우리의 몸이 경직되었다면, 우리는 하다못해 가다가 길을 묻는 모든 불특정 다수에게도 같은 반응을 보였어야 합니다. 물론 그렇지는 않을 것입니다. 불특정 다수와 기

자 사이에는 무언가 커다란 차이가 있습니다. 그것은 기자들은 '아무나'가 아니라 '사회적으로 공인받은 (것처럼 보이는) 사람들'이라는 점이지요.

가령 지상파 방송사나 유명 일간지의 기자가 되기 위해서는 소위 언론고시를 거쳐야 한다고 합니다. 그런데 이 고시란 말이 흥미롭군요. 원래 고시(考試)란 의사를 선발하는 의사 국가고시나 법조인을 뽑는 사법고시처럼 어떤 자격이나 면허를 주기 위하여 공신력 있는 기관이 주관하는 시험을 말합니다. 하지만 기자의 경우 그와 같은 공적 인증 제도가 없습니다. 기자 지망생들끼리는 고시라 말하지만 엄밀히 말해 방송사나 신문사 등의 회사가 자사의 사원을 뽑는 기자 시험, PD 시험, 아나운서 시험을 고시라 부를 수는 없습니다. 원하는 이는 많아도 뽑는 인원이 적어 어려운 시험, 즉 고시(苦試)라 부른다고도 하던데요. 물론 그렇게 생각할 수도 있지요. 그러나 저는 언론인 지망생이나 입사 시험을 거친 기자들이 공공연하게 '언론고시'라는 말을 사용하는 것에 큰 불만을 갖고 있습니다. 그 이면에는 언론인의 자격을 의사 국가고시나 사법고시처럼 전문화하고 특수화함으로써, 기자의 앎으로부터 발생하는 힘과 권력을 자연스럽게 보이도록 만들고픈 권력의지가 엿보이기 때문입니다.

더군다나 기자, PD, 아나운서 등등은 그들만의 배타적 조직 문화를 갖습니다. 앎에 권력이 붙는 중요한 순간 중 하나는 앎을 공유하는 이들끼리 자신들을 차별화하고 일반 대중들과 거리를 두면서부터입니다. 가만 보니 기자들은 자신이 속한 언론사에 구애받지 않고 입사 연도에 따라 동기, 선후배로 서로를 부르거나, 청와대 출입기자단처럼 출입처나 취재 현장에서 낯을 익히며, 정보를 교환하고 취재하는 사람들을 가려냅니다. 한국기자협회,

PD연합회, 한국아나운서협회 등과 같은 직능단체를 만들어 기자를, PD를, 아나운서를 자신들의 방식으로 정의하고 관리하며 규율하고요. 여기에 속하지 못하면 흔히 사이비 기자, 자격 없는 기자, 아마추어 등등으로 평가절하되기 일쑤지요. 그렇다면 기자는 보편적 커뮤니케이션인 우리의 알 권리를 대표하면서도, 동시에 우리가 다가가기 힘든 높은 진입 장벽을 세워 놓은 셈입니다. 명확하게 말을 하지는 않았지만 은연중에 기자는 아무나 할 수 없다고 말하면서, 자신들은 그 '아무나'가 아님을 계속 드러내는 셈입니다.

뉴스의 권력, 기자의 권력

이 와중에 뉴스는, 뉴스 자체의 옳고 그름에 앞서 진실과 같은 힘과 권력을 발휘합니다. 소위 언론고시를 통과하여 공인된 (혹은 공인된 것처럼 보이는) 사람들이 썼기 때문에 뉴스는 의학 지식이나 법률 지식처럼 검증받은 진실이라 여겨지고요. 텔레비전이나 신문의 기자들은 자신의 감정을 숨기고 건조한 어투로 진실만을 말할 것처럼 연출합니다. 단적으로 친구들과 어떤 사안에 대해 다투다가 누군가 어제 그 소식을 뉴스에서 봤거나 읽었다고 말하면 자연스레 논쟁이 마무리되곤 하는데요. 과연 어제 본 그 뉴스가 더 이상의 논쟁이 필요 없는 진실일지는 의문입니다. 진실처럼 받아들여지고, 진실처럼 보이게 만들어진 것일 수도 있으니까요. 앞에 쉼표가 아니라 마침표를 찍고 더 이상의 논의를 가로막으니까요. 이렇게도 생각해 볼 수 있습니다. 만일 어제의 그 뉴스가 감기 환자에게 제자리 뜀뛰기를 주문하는 의사의 부조리한 지시와 같다면, 또 만일 그 뉴스가 남북이 전쟁을 하면 3일 안에 남한이 이길 수 있다는 식의, 사실이라기보다는 현실을 변화하고자 하는 언론의 의지와 기대를 담았다면 어떻겠습니까?

뉴스는 결코 진실의 완결이 아닙니다. 뉴스는 사실의 일부이고, 사실을 밝히기 위한 출발점이자 더 깊은 진실을 알기 위해 다음 단계로 나가기 위한 쉼표입니다. 그럼에도 불구하고 뉴스는 아직 진실이 아닌 것을 진실이라 선언하고, 자신이 말하고자 하는 바를 객관적이고 중립적이라 이야기하곤 합니다. '무엇이 사실이고 무엇은 사실이 아니다' 라고 공개적으로 선언합니다. 언론에 나오지 않은 이야기들은 상당한 근거를 갖추었음에도 불구하고 유언비어나 괴담, 음모가 되기 쉽습니다. 제가 모든 뉴스가 거짓이라고 말씀드리는 것은 아닙니다. 또 모든 유언비어나 괴담이 사실이라고 말씀드리는 것도 아닙니다. 다만 뉴스는 이처럼 잠정적인 사실을 진짜 사실이라 선언할 수 있는 강력한 힘을 갖고 있다는 점을 강조하고픈 것입니다. 뉴스가 과연 그 힘을 올바르게 사용하는가에 대하여 의문을 갖자는 것이지요.

더군다나 무언가를 진실 혹은 거짓으로 가르는 힘은 뉴스뿐만 아니라 기자 개인에게도 부착됩니다. **폴리널리스트**(polinalist)는 그 대표적 예입니다. 폴리널리스트는 정치인(politician)과 기자(journalist)를 우리 식으로 합성한 단어로, 정치를 감시하고 견제하다가 돌연 기자직을 버리고 정치인으로 변신한 언론인을 부정적으로 일컫는 말입니다. 국회의원만 따져도 전체 299명 중 2000년엔 45명이, 2004년과 2008년엔 40명이 언론인 출신입니다. 우리나라의 전체 직업 숫자를 생각해 본다면 기자 출신은 과잉 대표되고 있습니다. 여기에 선거에서 떨어진 이들, 정부 각료로 영입된 이들까지 포함하면 그 수는 더 늘어납니다. 어떻게 이들이 손쉽게 정치계로 진출하거나 국회의원으로 선출될 수 있었던가를 따져 보니, 그 이유는 이들이 기자로 일하며 독자나 시청자로부터 얻었던 신뢰도, 대중성, 영향력 덕분입니다. 그리고 이것은 그들 개인이 실제로 믿을 만하고 매력적이며 설득력이 있어서라기보다는, 기자라는 직업 자체가 구조적으로 앎과 관계하며, 이때의 앎이 신뢰도, 대중성, 영향력과 같은 힘과 권력을 기자에게 불어넣기 때문입니다. 앎을, 지식을, 사실을 다룬다는 이유로 기자들에게는 앎의, 지식의, 사실의 권력이 더해집니다. 기자 개인의 실제 자질과 상관없이요.

이처럼 앎과 권력은 동전의 양면입니다. 기자의 힘 혹은 권력은 기자가 우리의 보편적 알 권리를 대표하는 가운데 구조적으로 발생합니다. 물론 모든 힘과 권력이 나쁘지는 않을 것입니다. 때로는 앎으로부터 나온 힘은 거짓에 주눅 들지 않고 부당한 압력에 당당하게 맞서 진실을 밝힐 수 있는 든든한 지지대가 되기도 합니다. 하지만 때로는 폴리널리스트의 예처럼, 자신이 국회의원이 되기 위해 기자로서의 권력을 사사로이 전용하기도 하고, 제 스스로 일반 대중과 거리를 두며 기자를 기득권이라 믿어 버리기도 하며, 앎이나 사실, 진실이란 이름하에 누군가를 악의적으로 해코지하거나 불명예를 안기는 데 사용할 수도 있습니다. 사실을 캐고 진실을 찾는 과정은 그것이 아무리 중립적이고 객관적이라 할지라도 필연적으로 권력을 올바르게 행사하는가, 즉 권력의 정당성 문제와 마주할 수밖에 없습니다.

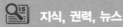 **지식, 권력, 뉴스**

'모든 지식은 권력인가'란 물음이 제기될 것 같습니다. 예를 들어 남들은 잘 관심을 안 두는 분야를 내가 잘 알아요. 게임 공략법 같은 것 말입니다. 이것도 권력일까요? 다른 사람에게 아무런 영향도 안 미치는데요. 그런데 이렇게 생각해 보세요. 게임 공략법과 같은 지식을 하찮거나 별로 중요하지 않다고 가르는 것 그 자체가 이미 권력의 효과가 아닐까요? 무엇이 중요한 지식이고 무엇이 사소한 지식인지 나누고 그래서 사소한 지식을 주변부로 밀어내는 것, 어찌 이것이 권력이 아니겠습니까. 지식의 내용 그 자체가 권력을 만들지는 않습니다. 문제는 어떤 것을 지식으로 인정할지를 결정하는 사회적 권력이 있다는 것입니다. 그리고 보다 근본적으로는 무언가를 지식의 대상으로 삼는 것 자체가 대상을 자기 시각으로 바라보며 나에게 맞추는 권력이지요.

모든 뉴스에 권력이 깃들어 있습니다. 뉴스는 무질서한 사건들에 의미의 질서를 만듭니다. 우리가 알 수 없는 사건을 알 수 있도록 지식을 만들지요. 언론사들의 뉴스가치는 무엇을 우리가 알아야 하는지, 무엇을 우리가 알지 말아야 하는지 구분함으로써 어떤 사건을 끊임없이 주변부로 떨어뜨려 놓거나 중심으로 가져옵니다. 뉴스의 내용도 마찬가지입니다. 대체로 뉴스는 우리 사회의 일탈적 사건들(살인, 강도, 폭력, 부패)을 다루는데요. 그 중심적 교훈은 일탈하지 말고 사회에 적응하라 아닌가요? 기존의 권력을 따라야 하며 그렇지 않을 경우 처벌을 받는다는 이야기들입니다. 이에 대해 프랑스의 철학자 미셸 푸코는 우리가 당연한 듯 받아들이는 지식 혹은 진실 속에는 다양한 모순과 여러 흐름들이 숨어 있다고 했습니다. 그에 맞서서 이야기되지 않은 것을 이야기하기, 기존의 흐름에서 벗어난 새로운 흐름을 만들 것을 강조했지요. 물론 이 역시 또 다른 권력입니다. 하지만 그것이 다른 사람을 억압하는 권력이 될지 혹은 그동안 정당하게 대접받지 못하는 사람들이 자신의 자존감을 끌어올릴 권력일지는 따져 봐야겠지요. 무조건 피할 것이 아니라 좋은 권력을 만드는 일이 중요합니다.

정부의 언론 길들이기

셋째는 대중매체의 근본적 한계입니다. 소수의 언론사가 다수의 독자나 시청자에게 일방적으로 뉴스를 나르는 구조는 앎을 독점하기 쉽습니다. 뉴스를 통제해 여론 조작을 하려는 유혹으로부터 자유롭지 않습니다. 권력으로부터 자유롭지 않은 언론은 마을 사람들에게는 독이 든 우물입니다. 그런데 권력을 가진 이들만이 언론을 제 편으로 삼으려 한다는 이야기만이 아닙니다. 언론을 피해자로만 바라보는 시각은 언론 스스로가 권력에 기대서 제 잇속을 차리기 위해 나쁜 뉴스를 만드는 구조를 놓치게 됩니다.

우리나라의 1980년 **언론 통폐합 조치**는 권력이 언론을 어떻게 제 수중에 넣으려 하는지, 그리고 언론은 어떻게 권력과 공모하여 자신의 이익을 극대화하는지를 확인할 수 있는 역사적 사례입니다. 오래된 일이지만 그 효과는 어떤 방식으로든 오늘의 언론 환경에 영향을 미치고 있고, 정치권력이 언론을 제 마음대로 주무르려 했던 가장 노골적인 시도였기 때문에 살필 필요가 있습니다. 당시 군사 쿠데타를 통해 정권을 잡았던 전두환 대통령은 자신에게 비판적인 언론사는 없애 버리고, 우호적인 언론사에는 막대한 지원을 제공했습니다. 정당한 선거를 통해 선출된 정권이 아니었으니까 여론을 단속할 필요가 있었지요. 감시견을 줄이거나 애완견으로 바꾸었습니다. 전국으로 발행되는 중앙지 신문은 7개에서 6개로, 지역 내에서 유통되는 지방지 신문도 14개에서 10개로 줄입니다. 『연합통신』도 이때 나왔는데요. 민영통신사인 『합동통신』과 『동양통신』을 해체해 국가가 관리할 수 있는 『연합통신』으로 일원화했습니다. 국가가 언론사를 관리하면 정권의 입김을 더 잘

불어넣을 수 있기 때문입니다. 정권에 비판적이었던 기독교방송(CBS)은 뉴스 보도를 빼고 종교 방송만 허가해 사회적 발언을 차단했으며, 민영방송인 동양방송(TBC)을 없애고 지금의 KBS2 채널을 탄생시켰습니다. 마찬가지로 문화방송(MBC)도 주식을 강제로 환수해 한국방송(KBS)이 관리합니다. KBS는 처음에는 국가방송이었다가 1970년대 공영방송으로 바뀌었는데요. 여전히 국가의 영향력을 강하게 받던 곳이었습니다. 때문에 KBS를 고리로 삼아 국가가 MBC를 관리할 수 있다는 계산을 했던 것이지요. 이 과정에서 무려 1,500명의 기자가 해직되었습니다. 당시는 기자를 인증하는 프레스카드 제도가 존재하던 시절이었습니다. 해직된 기자는 국가의 허락 없이는 다시 기자가 될 수 없었습니다. 능력 있는 많은 기자들이 일터를 떠났습니다.

언론 통폐합 조치와 짝을 맞추어 진행된 것은 **보도지침**입니다. 놀랍게도 국가가 언론사의 데스크를 자임했습니다. 멀쩡한 언론사를 하루아침에 없앨 수 있던 국가였기에 모든 언론사들이 따를 수밖에 없었습니다. 게이트키핑과 의제설정을 국가가 미리 하고 각 언론사에게 이러저러한 방식으로 보도하라고 지침을 하달했습니다. 어떤 사안에 대해 보도가 가능한지 아닌지, 뉴스의 분량은 줄일지 키울지, 이후의 보도는 어떤 방향으로 진행할지를 결정했습니다. 방송 뉴스의 순서와 앵커의 멘트까지도 세세하게 손보았습니다. 언론사의 데스크 위에 국가라는 데스크가 또 하나 있던 셈이지요. 물론 모든 뉴스에 보도지침을 내리지는 못했습니다. 스포츠, 사회, 연예 뉴스까지 데스크 역할을 수행했던 것은 아니었을 테지만, 정치, 경제 등의 영역에서 굵직굵직한 사안은 보도지침의 통제를 벗어날 수 없었습니다. 그나마 자율성을 가졌던 사회 뉴스는 폭발적으로 늘어났고 정치와 경제 뉴스는 경직됩니다. 언론의 날선 칼은 자영업자, 잡범, 연예인처럼 만만하거나 힘없는 사회적 약자에게로만 향합니다. 반면 우리 사회의 권력자에 대한 비판과 고발은 찾기가 힘들었습니다. 이런 이유로 당시 사람들은 방송 뉴스를 '땡전 뉴스'라고 비아냥거렸습니다. 저녁 9시를 알리는 '땡' 소리와 함께 대통령의 근황을 알리는 "'전' 두환 대통령은 오늘…"으로 뉴스를 시작했기 때문이지요.

한편, 보도지침을 잘 따르고 언론 통폐합으로부터 살아남은 언론사와 기자에게는 특혜를 주었어요. 1987년 민주화 항쟁 전까지 언론사들은 별다른 경쟁 없이 안정적으로 경영을 보장받습니다. 기자의 임금이나 복지도 대폭 향상됩니다. 나누어 먹을 사람이 줄었으니 각자가 먹을 수 있는 케이크의 양은 늘었습니다. 언론고시란 말도 이때부터 나타납니다. 기자 지망생들도 기자에 붙는 특혜를 의식하기 시작한 것이지요. 기자는 다른 노동자들보다 훨씬 높은 임금을 받기 시작했으며, 국가로부터 부여받은 프레스카드 자체가 특권이었습니다. 프레스카드에는 문화공보부 장관 직인이 대문짝만 하게 찍혀 있었고요. "본증 소지자

기자들의 임금 격차

2012년 말 미디어 비평지 『미디어오늘』이 흥미로운 뉴스를 전했습니다. 미디어경영 연구소의 자료 조사를 근거로 종합 일간지 11개사 기자들의 평균 연봉을 보도했는데 요(「신문사 기자들 임금 '격차' 이렇게나…」, 『미디어오늘』, 2012년 11월 12일). 기사에 따 르면 신문기자들의 평균 임금은 약 6,060만 원입니다. 국세청 자료를 보면 그해 국민 들의 평균 연봉이 2,817만 원이라고 하더군요. 기자직이 고소득 직군임을 알 수 있습 니다. 그런데 같은 기자라 할지라도 신문사에 따라 임금 격차가 컸습니다. 언론 통폐 합 조치를 겪으면서 사세를 확장하였던 조중동의 평균 임금은 약 7,040만 원이고요. 나머지 신문들의 평균은 약 5,080만 원입니다. 상대적으로 진보지라 평가받는 『경향 신문』과 『한겨레신문』의 평균 임금은 약 4,100만 원입니다. 덩치가 차이 나지요. 물론 이와 같은 임금 격차는 언론 통폐합 때문만이 아니라 각 신문사의 경영 능력의 차이라 고 볼 수도 있지요. 1993년 창간한 『내일신문』은 업계 최고 수준의 임금을 주니까요. 그러나 구조적으로 출발점이 달랐던 언론사들입니다. 1980년대를 거치며 어떤 신문 은 온실 속에서 규모를 키워 사세를 확장하고 주류 언론으로 자리를 잡았던 반면, 새 로 출범한 매체들은 아직도 한참이 나 취재력이나 의제설정 능력, 사회 적 영향력에서 뒤처져 있는 것 같습 니다. 이와 같은 상황에서 과연 언 론사들 사이의 공정한 뉴스 품질 경 쟁이 가능할지는 의문입니다.

	2007	2008	2009	2010	2011
경향신문	33,138	37,948	19,792	21,942	37,779
국민일보	45,573	48,486	47,572	48,356	57,645
내일신문	67,907	64,674	75,147	75,154	86,932
동아일보	49,606	54,097	53,955	53,041	55,880
문화일보	41,074	41,355	46,443	49,333	50,783
서울신문	38,420	36,510	32,705	33,701	37,172
세계일보	39,437	39,344	36,882	45,483	45,199
조선일보	82,682	69,883	80,707	79,917	82,744
중앙일보	75,303	79,472	69,254	74,565	72,651
한겨레	36,529	40,986	37,263	44,564	44,080
한국일보	37,848	43,414	41,719	48,665	46,796

자료: 미디어경영연구소 (가나다 순)

에 대하여 취재보도에 협조하여 주시기 바랍니다"라고 적혀 있었습니다. 기 자들은 정권에 날선 비판만 하지 않는다면 다른 모든 것이 허락되었습니다. 국가가 허가한 프레스카드만 보여 주면 교통 법규를 어겨도, 경범죄를 저질

러도 묵인되었습니다. 정말로 언론의 고발이 필요한 곳에서는 딴청을 피우고 만만한 곳에서는 준엄한 언론의 고발을 들이대는 이중 잣대를 보여 주었지요. 때로는 언론의 자유가 아니라 언론의 방종이 나타나기도 했습니다.

물론 우리 사회가 민주화되면서부터 직접적인 언론 통제는 사라집니다. 87년 민주화 항쟁은 새로운 변화의 출발이었습니다. 보도지침은 사라졌고 프레스카드 제도도 폐지되었습니다. 해직 기자들이 국가의 허락 없이도 다시 언론계로 돌아올 수 있는 길이 열렸습니다. CBS는 보도 기능을, MBC는 자신의 주식을 되돌려 받았고, 민영통신사도 여럿 생겼으며, 언론사의 숫자도 늘어납니다. 하지만 통제는 보다 은밀해집니다. 민주화 이후 생긴 신생 언론사와 1980년대에 정부로부터 혜택을 받으며 덩치를 키워 온 기존 언론사 사이에는 체급 차이가 커서 공정한 경쟁이 쉽지가 않습니다. 권력에 순응한 언론이 권력으로부터 비판적 거리를 두는 언론보다 훨씬 큰 경쟁력을 갖게 되었습니다. 월급이라든지, 기자 수, 출입처의 개수, 취재원과의 관계 등등에 있어 기성 언론은 신생 언론사보다 훨씬 앞서게 되지요.

광고주 눈치 보기

오늘날 언론사를 통폐합한다든가 직접 뉴스를 손보는 식의 노골적 통제는 사라졌습니다. 하지만 기자 개인에 대한 은밀한 유혹은 한층 강화된 모습인 것 같습니다. 가령 폴리널리스트는 도덕적으로는 지탄받을지언정 법적으로는 문제가 없는, 정치권과 언론인 간의 여전한 유착 관계를 드러냅니다. 대통령 선거 며칠 전까지 방송과 신문 지면을 통해 특정 정당과 후보를 지지했던 언론인이 자신이 지지한 후보가 대통령이 되자 청와대 대변인으로 발탁되기도 하지요. 언론사 입장에서는 핵심 권력 내부에 유력한 정보원을 심어 둔 것이고 폴리널리스트 입장에서는 자신이 몸담은 정권에 유리한 보도를 해 줄 언론을 제 편으로 두는 이점을 누립니다.

그리고 민주화 이후 가장 큰 언론 통제는 이제는 돈입니다. **광고**는 효과적으로 언론을 길들이는 대표적 수단입니다. 드라마에도 과도한 **간접광고**(PPL, Product PLacement)가 문제 되잖아요. 드라마의 내용과 상관없이 특정 회사의 제품 기능을 설명한다든가 유난히 특정 상품을 크게 부각시켜 시청자의 몰입을 방해하는 경우가 자주 있습니다. 드라마 제작비에 상당 부분을 광고주가 댔기 때문에 가능한 일이지요. 뉴스에서도 비슷한 일이 나타납니다. 부동산 투자 가치가 높다는 뉴스를 싣고 며칠 동안 특정 지역의 아파트 광고가 나오는 일, 국내 굴지의 대기업이 새로운 IT 신제품을 출시했다는 소식을 전하고 뒤이어 해당 기업의 신제품 광고를 노출하는 일이 우연의 산물은 아닐 것입니다. 언론이 기사를 매개로 판을 깔고 광고를 요구한 것이겠지요.

더 큰 문제는 광고주가 광고를 미끼로 언론을 제 마음대로 두려 할 때입니다. 일례로 지난 2007년 10월 30일, 삼성에 근무했던 김용철 변호사는 기자회견을 통해 삼성의 불법 비자금 조성 의혹을 폭로합니다. 언론의 관심이 집중되었습니다. 삼성은 우리나라의 대표적 기업이기에 국민적 관심도 컸습니다. 한 달 동안 후속 보도가 잇달았습니다. 그러나 삼성을 파헤치는 것은 언론사로서는 큰 부담이었습니다. 김 변호사의 양심선언 이후 삼성은 광고 집행에 변화를 주었는데요. 2007년 12월 1일부터 2008년 1월 초까지 약 한 달 동안 『조선일보』에 45건, 『중앙일보』에 29건, 『동아일보』에 15건의 광고를 집행했지만, 『경향신문』과 『한겨레』에는 광고를 의뢰하지 않습니다. 이 두 신문사는 다른 언론사보다 삼성 문제를 집중적으로 보도한 곳이었습니다. 전문가들은 대체로 우리나라 신문사들의 수입 중 광고가 차지하는 비율이 낮게는 70%에서 높게는 90%까지 이른다고 말합니다. 다른 나라와 비교해 볼 때, 구독료가 신문사 수익의 중심이 되지 못하는 비정상적인 상황입니다. 광고를 얻지 못하는 신문은 심각한 경영난에 직면한다는 뜻이지요. 삼성이 유난히 자신에게 비판적이었던 언론에, 하필이면 그 시기에 광고를 싣지 않았던 것이 단순한 우연이었을까요?

언론은 알아서 광고주의 눈치를 살피게 됩니다. 단적으로 지난 2010년 3월 31일 삼성반도체 공장에서 일했던 박지연 씨가 스물세 살의 나이로 사망합니다. 사인은 백혈병으로, 그녀가 일했던 삼성반도체 공장의 노동 환경이 발병 원인으로 지목되었습니다. 그녀는 죽기 전까지 삼성반도체 공장의 위험성을 알렸고 삼성의 책임 있는 대책 마련을 요구하였는데요. 단지 그녀뿐만 아니라 삼성반도체 공장의 위험을 최초로 알렸던 삼성반도체 노동자 고(故) 황유미 씨를 포함해 이곳에서 일했던 많은 노동자들이 난치병에 걸렸거나 그로 인해 목숨을 잃었기 때문입니다. 그런데 박지연 씨의 사망 다음 날 소식을 전한 일간지는 『한겨레』뿐이었습니다. 인터넷 기사로 소식을 전한 곳은 『경향신문』, 『세계일보』였지만 실제 신문 지면에서는 누락했어요. 『조선일보』, 『중앙일보』, 『동아일보』 역시 이를 다루지 않았습니다. KBS, MBC, SBS에서는 아예 뉴스를 찾아볼 수 없었고요.

그렇다면 이 소식이 뉴스가치가 전혀 없었는가 하면 결코 그렇지 않습니다. 해외에서도 삼성반도체 공장의 위험성에 주목하는 뉴스가 나왔고요. 삼성반도체 공장의 실태를 고발한 만화책인『삼성에 없는 단 한 가지: 사람냄새』(2012)와『먼지 없는 방: 삼성반도체 공장의 비밀』(2012)이 출판되어 사회적으로 커다란 반향을 일으켰습니다. 2013년에는 고 황유미 씨의 이야기를 다룬 영화『또 하나의 약속』이 제작되어 2014년에 개봉하였습니다. 그럼에도 불구하고 국내의 뉴스에서만큼은 삼성과 관련된 부정적 보도를 찾기가 어렵습니다. 어디 삼성뿐이겠습니까. 성역 없는 비판을 해야 할 언론이 돈 때문에 성역과 금기를 두는 것은 아닌지 심각하게 의심해 봐야 합니다. 누가 지시를 해서라기보다는 알아서 말입니다. 저널리즘에서는 이를 **움츠러들기 효과**(chilling effect)라고 하는데요. 미리 자신에 대한 불리한 결과를 예측하고 의욕 상실, 사기 저하에 빠져 제대로 보도를 못 하는 언론을 일컫는 말입니다.

이에 대해『먼지 없는 방』작가 김성희 씨가『프레시안』과의 인터뷰에서 전하는 이야기를 귀담아들을 필요가 있습니다. "삼성 쪽의 외압이 아니라, 기본적으로 언론 자체가 광고를 통해서 신문을 유지하기 때문에 알아서 처리한 경향이 크다고 봐요. 언론에게 '너 삼성 무서워서 그걸 안 하냐'고 묻기에는, 이미『경향신문』,『한겨레』처럼 진보적인 신문도 광고 수익에서 삼성이 차지하는 퍼센트가 굉장히 높아요. 광고를 통해서 삼성이 언론을 길들인 거죠. 때문에 삼성 광고나 기업 광고에 영향을 받지 않는 어떤 자립적인 측면의 언론에 대해 국가나 시민이 같이 고민해야 한다고 생각해요. 필요한 얘기를 해 줘야 되는 매체가 바로 언론이잖아요. 매체의 건강성을 매체 자체보고

지키라는 것은 현재 측
면에서는 어려운 이야
기라고 봐요. 우리가 다 같이
고민해야 할 부분이죠."

그렇다면 우리가 함께 고민해
야 할 부분은 무엇일까요? 바로 어떻게 구조
적 불량품을 줄일 것인가에 대한 것입니다. 나쁜
기자나 나쁜 뉴스가 나오는 구조를 살폈으니, 이제는 구조적 해법을 모색해
야 합니다. 저는 크게 두 가지 방법이 있다고 생각합니다. 기울어진 탁자를
아예 버리고 적당한 새 탁자를 찾든지, 아니면 쓰던 탁자의 수평을 맞추어
야겠지요. 기자나 언론의 대표의 한계, 앎의 권력화, 대중매체의 오용 가능
성도 마찬가지입니다. 기자나 언론사의 각별한 주의를 요청하는 것만으로
는, 나쁜 기자를 지탄하는 것만으로는, 좋은 기자가 되자고 서로 의지를 다
지는 것만으로는 구조적 불량품을 줄일 수 없습니다. 구조를 바꿀 수 있는
구조 안의 해법, 그리고 기존 구조에서 벗어나서 새로운 구조를 만드는 구
조 바깥의 해법 모두를 함께 모색해야 할 것입니다.

3

제도를 개혁하고 감시하자

/

공영방송 제도를 운영하자

우선은 기존의 뉴스 구조를 보완하는 방법부터 살펴보겠습니다. 탁자의 수평을 맞추는 일입니다. 저는 언론사를 공적으로 운영하는 것도 좋은 대안이라고 생각합니다. 물이나 철도, 전기와 같이 모두가 보편적으로 사용하는 자원은 수자원공사, 철도공사, 전력공사처럼 공기업의 형태로 관리합니다. 개인이 사유화해 운영할 경우 폭리를 취할 수도 있고 특정 집단의 이기주의로 공익을 침해할 가능성이 높기 때문입니다. 뉴스도 같은 방식으로 접근할 수 있습니다. 보편적 알 권리를 대신하게끔, 또 그로부터 발생하는 권력을 사유화하지 못하도록 언론사를 공동으로 소유하고 경영하는 방법입니다. 선출되지 않은 기자나 언론이 우리를 대표하는 한계도 이를 통해 극복할 수 있을 것입니다. 언론사는 공기업에 속해 공적 서비스를 함으로써 우리를 대표하는 사회적 정당성을 얻게 됩니다.

이와 같은 이유로 많은 나라들은 **공영방송** 제도를 정착시켰습니다. 영국의 BBC, 미국의 PBS, 일본의 NHK는 전 세계에서 모범으로 인정받는 공영방송입니다. 우리나라에서는 KBS, EBS, MBC가 공영방송으로 분류되지요. 각 방송사마다 작은 차이들은 있지만, 대체로 공영방송을 운영하는 경영진과 이사진은 각계의 추천을 받아 임명하고요. 이들은 임기를 채운 후 정기적으로 교체됩니다. 특정 개인에게 방송사가 독점되는 것을 막기 위함입니다. 주요 재원은 수신료이기 때문에 기업이나 정부의 광고를 통한 언론 통제로부터도 벗어날 수 있습니다. 시청자의 참여 또한 대의제 저널리즘의 한계를 보완하기 위해 제도적으로 보장해야겠지요. 시청자들은 잘 모른다는 핑계로 방송사끼리 앎의 권력을 독점해서는 안 될 것입니다. 우리나라는 각 방송사가 방송법에 의해 의무적으로 **시청자 위원회**를 두도록 강제하고 있습니다. 이사진과 마찬가지로 각계의 추천을 받아 임명된 시청자 위원은 뉴스를 포함한 방송의 전 내용에 대해 의견을 제시하고 시정을 요구할 권한을 갖습니다. 방송사는 특별한 사유가 없는 한 이를 수용하도록 법에 명시하였습니다. 시청자 위원회의 회의 내용은 인터넷 홈페이지를 통해 공개되고, 각 방송사들의 시청자 참여 프로그램인 『TV비평 시청자데스크』(KBS), 『TV 속의 TV』(MBC), 『열린TV 시청자 세상』(SBS) 등을 통해 방송합니다.

물론 모든 방송사를 공기업 형태로 둘 수는 없습니다. 뉴스 또한 상품입니다. 각각의 방송사가 다양한 뉴스가치를 발굴해 뉴스 선택의 자유를 독자와 시청자에게 줄 수 있어야 합니다. 개인이 방송사를 소유하는 SBS와 같은 민영방송 또한 시청자의 뉴스 선택과 뉴스가치의 다양성을 위해 필요합니다. 그러나 이것이 공영방송의 뉴스와 민영방송의 뉴스가 따로 있음을 의미해서는 안 될 것입니다. 공영방송이 방송계의 맏형으로 자리를 잘 잡아 구심력을 발휘할 때, 다른 민영방송들의 뉴스 또한 최소한의 공영성을 공유하며 각자의 뉴스 다양성을 뽐낼 수 있을 것입니다.

경영권과 편집권을 나누자

한편, 신문이나 잡지, 인터넷 등의 언론매체는 방송과는 상황이 다릅니다. 방송사는 국가로부터 허가를 받아 운영하도록 제도화되었지만 1987년 민주화 운동 이후 신문 등의 언론매체는 신고제로 바뀝니다. 시청이나 도청에 등록만 하면 되지요. 이것은 언론의 자유를 보장하기 위해서이기도 하지만, 방송과 방송 이외의 매체 성격이 달랐기 때문인데요. 방송은 한정된 자원인 전파를 사용했습니다. 전국으로 방송할 수 있는 주파수의 대역폭은 몇 개로 정해져 있습니다. 첫 출발부터 누구에게 전파 사용권을 줄지, 한정된 전파를 사용하는 만큼 어떻게 공익적이고 공정하게 프로그램을 만들어야 할지 등에 관해 처음부터 많은 사람들이 머리를 맞대고 접근할 수 있는 여지가 컸습니다. 공영방송이 중심에 설 수 있는 환경이었지요. 반면에 종이를 사용하는 신문이나 웹 기반 인터넷 언론 등은 자원에 제한이 없기 때문에 자본금만 마련할 수 있다면 누구나 만들 수 있습니다. 엄밀히 말해 사기업인 셈입니다.

여기에 공영방송과 같은 공적 소유 시스템을 적용하기는 쉽지가 않습니다. 아예 불가능한 것은 아니겠지만, 가령 『한겨레신문』처럼 독자들로부터

십시일반 돈을 받아 이들이 주식을 갖게 하고, 이렇게 해서 모은 돈으로 신문을 만들면 공적으로 언론사를 운영할 수 있습니다. 하지만 처음부터 작정하고 그리 만들지 않는 이상, 소유주가 있는 기존 신문을 『한겨레신문』처럼 국민주 방식으로 바꿀 수는 없습니다. 개인기업으로서의 특성을 존중해야 하며, 동시에 우리의 보편적 알 권리를 대표하는 언론사로서의 책임도 함께 물을 수 있어야 하는데요. 가장 깔끔한 해법은 경영권과 편집권을 나누는 것이겠지요. 언론사 운영은 전문 경영인에게, 뉴스 제작은 기자들에게 맡겨, 기자와 뉴스의 독립성을 보장하는 방법입니다. 아무래도 언론사를 소유한 사주가 경영과 뉴스 제작 모두에 관여하게 될 경우에는 회사의 잣대로 기자를 판단하기 마련입니다. 회사의 이익으로 말입니다. 기업이나 정부에 밉보이지 않아 광고를 더 많이 얻을 수 있는 기사를 쓰는 기자, 정치인과 가까워 각료가 되거나 국회의원이 될 가능성이 높아 언젠가 자신의 출신 언론사에 도움을 줄 수 있을 기자, 회사의 입장을 충실히 대변해 언론사의 권력을 높여 줄 기자가 사주에게 잘 보일 수 있습니다. 하지만 이들은 회사에게는 유능한 인적자원일 수는 있어도, 우리 사회 전체로 보았을 때는 나쁜 기자입니다. 우리를 충실히 재현하지도 못할뿐더러, 뉴스를 통해 사리사욕을 채우고 회사의 이익으로 우리를 대표하려는 기자이니까요. 기자는 기자로서 평가받아야 합니다.

그렇다면 어떤 방법을 마련해야 할까요? 뉴스 조직의 정점이자 총 책임자인 편집국장을 기자 스스로가 직접 투표를 통해 뽑는 **편집국장 직선제**는 매력적인 대안입니다. 데스크가 과연 힘 있는 자가 아니라 평범한 일반 시민들의 알 권리를 대표했는지, 앎을 무기로 유세를 부리지 않고 낮은 자세로 독자나 시청자들과 소통하려 했는지, 정치권이나 자본권력의 당근과 채찍으로부터 자유로운 기자였는지 등등을 동료 기자들의 투표를 통해 확인하고 신임하게끔 만드는 것입니다. 우리가 직접 국회의원이나 대통령을 뽑는 것과 닮아 있지만, 그 효과는 더 클 것 같습니다. 자신이 뽑은 사람을 매일매일 상대하고 그에게 지휘를 받아야 하니까, 그만큼 더 엄격하게 기자를 기자로서 평가할 수 있을 것입니다. 더욱이 편집국장 직선제는 수직적으로 관료화된 기자 조직에 유연성을 불어넣는 장점도 갖습니다. 주기적인 선거를 통해 현장 기자와 데스크 사이의 거리도 좁혀질 것이고, 이를 통해 현장 기자가 전하는 민심이 게이트키핑 과정에서 누락될 위험도 줄어들겠지요. 편집국장의 임기가 보장된 만큼 외부 세력에 눈치 보지 않고 올곧은 기사를 쓸 수 있을 것입니다. 우리가 직접 기자를 뽑을 수 없다면, 기자들이라도 직접 자신들의 수장을 뽑을 수 있어야 합니다.

언론 보리 밟기

무엇보다도 가장 중요한 것은 언론에 대한 일반 시민의 감시와 애정입니다. 사실 제가 제안한 공영방송 제도와 편집국장 직선제가 아주 새로운 것은 아닙니다. 이들 구조적 해법은 우리 사회에서 뉴스에 대한 관심이 최고조에 이르렀던 1980년대 후반에 마련된 것들입니다. 민주주의가 쟁취되면서 사회 각 분야의 여러 제도들이 정비되었고, 그중 하나로 언론 민주화에 대한 열망도 함께 폭발했습니다. 감시견인 언론이 제 역할을 못 해 우리 사회의 민주화가 더뎌졌다는 비판이 쏟아졌습니다. 정치권력의 힘에 눌려 휘었던 언론이라는 막대를 제대로 펴려는 다양한 **시민운동**이 사회 전반에서 넘쳐 났습니다.

예를 들어, 겉으로는 공영방송이었지만 실은 정치권력의 편에 섰던 KBS는 1980년대 내내 **시청료 거부 운동**에 직면했는데요. 말로만 공영방송일 뿐인 KBS에 왜 시청료를 내야 하냐는 시민들의 풀뿌리 저항이었습니다. '땡전 뉴스'에 대한 불신이었습니다. 시민들의 거센 불만은 민주화 이후 KBS가 뼈아픈 자기반성을 통해 진짜 공영방송으로 제자리를 찾을 수 있었던 자양분이 되었습니다. MBC도 마찬가지입니다. 언론 통폐합 조치로 KBS에 넘겼던 주식이 다시 MBC로 돌아왔습니다. 하지만 이를 MBC가 직접 소유하는 것이 아니라, 공적 자산으로 운영해 공영방송으로 MBC를 재구성하자는 사회적 공감대가 확산되었습니다. 이를 바탕으로 공적 기구인 방송문화진흥회를 새로 만들어 MBC를 관리·감독하는 시스템을 마련했습니다. 비록 MBC는 KBS처럼 따로 수신료를 받는 것은 아니고 광고가 주요한 수익이긴 하지만, 공적 기구가 방송사 운영을 담당하기 때문에 공영방송의 성격을 갖습니다. 그 결과 지상파 방송은 한국방송공사의 KBS, KBS 수신료의 일부를 보조받는 한국교육방송공사의 EBS, 광고를 재원으로 삼지만 공적 소유 구조를 갖는 방송문화진흥회의 MBC가 저울의 한쪽을 차지합니다.

우리나라처럼 지상파 방송사 다수가 공영방송으로 꾸려진 사례는 전 세계적으로 찾기 힘듭니다. 언론에 대한 시민들의 감시와 애정 덕분이지요. 무게의 균형추는 공영방송으로 기울었습니다. 이런 이유로 1990년 출범해 저울의 반대편에 위치한 민영방송 SBS도 다른 공영방송의 눈치를 보지 않을 수가 없었어요. 대체로 민영방송은 이윤 추구를 주된 목적으로 갖기 때문에 시청률에 집착하고, 그 결과 상업적이고 선정적이며 폭력적이란 비판을 자주 받습니다. 그러나 SBS는 다른 나라의 민영방송과 달리 지금까지는 비교적 덜 선정적이며 더 공익적입니다. 주변에 좋은 친구를 둔 덕이며, 방송에 대한 시청자들의 기대가 남달랐기 때문입니다.

한편, 신문의 경우에는 1988년『한겨레신문』이 국민주 방식을 통해 창간됩니다. 언론 통폐합 조치로 해직되었던 기자들이 주축이 되었습니다. 그에 호응해 많은 시민들이 적극적으로『한겨레신문』의 주식을 사 주었기에 가능한 일이었습니다. 다른 언론사들 또한 편집국장 직선제가 시도되기 시작합니다. 소유주로부터 자유롭지 않으면 좋은 뉴스를 만들 수 없다는 기자들의 자기반성이 잇달았습니다.『경향신문』은 한 걸음 더 나아가 1998년 사원 주주 형태로 소유 구조가 바뀌었는데요.『경향신문』사원들이 자기 회사의 주식을 소유하여 언론사의 주인이 되는 것이지요. 사주의 입김으로부터 벗어나 언론의 독립성을 유지하려는 한 방편이었습니다. 이외에도 언론사 안팎에서 언론 민주화를 위한 다양한 시도들이 기획되었습니다.

하지만 민주화 이후 수십 년이 지난 지금은 상황이 많이 변했습니다. 어느 정도 언론이 제 모습을 갖추자 시민들의 관심은 희미해졌습니다. 그 와중에 많은 언론사에서 시나브로 편집국장 직선제가 사라졌고, 지금의 공영방송 시스템도, 어떤 사람들에 따르면 공영방송이 너무 많다는 의문부호가 붙고 있습니다. 슬그머니 경영 논리가, 수익 사업의 다각화가, 일자리 창출이 더 중요한 잣대로 부상합니다. 요즘은 '공영방송을 줄이거나 새로운 민영방송을 만들자'라는 이야기가 탄력을 받고 있습니다. 2011년 12월 출범한 네 개의 종합편성 채널은 수적으로 공영방송을 압도하고 있습니다. 더욱이 큰 권력을 갖는 사람들이 언론을 제 편에 두려는 욕망은 언제나 있었지만 언론에 대한 애정과 감시는 사람마다 달랐다는 점도 지적해야겠습니다. 일례로 힘들게 공영방송 제도를 마련했어도, 그 내용을 채우는 일은 사람이 합니다. 현재 공영방송 제도의 핵심은 방송사를 경영하는 이사진과 경영진, 시청자가 참여하는 시청자 위원회를 투명한 절차를 밟아 공적으로 뽑는 것인데요. 권력을 가진 사람들은 따로 영향력을 행사해서 자기에게 유리한 사람을 선임하려고 로비를 하거나 공영방송 제도를 간소화하려고 호시탐탐 기회를 노립니다. 제도 속 빈 구멍을 찾으려 하기 때문에 늘 소란이 끊이지가 않습니다.

비유하자면 기울어진 언론이란 막대는 바로 폈지만, 막대를 박아 넣은 땅은 시간이 지나 많이 침식된 상황입니다. 이제는 언론이 디디고 있는 주변의 땅을 단단히 다지는 일이 필요합니다. 자주 걷고 밟아 막대가 흔들리지 않도록 해야겠지요. 겨울철에 봄에 자랄 보리가 잘 자라도록 틈나는 대로 밭을 밟아 주듯, 언론 역시도 미리미리 시민들의 촘촘한 땅 밟기가 필요합니다. 일상적인 언론 감시와 견제의 필요성입니다.

일상 속 작고 소박한 실천들

뉴스는 커뮤니케이션입니다. 좋은 뉴스는 좋다고 말하고, 나쁜 뉴스는 나쁘다고 더 자주 말합시다. 다시 말해, 일상생활 속에서 뉴스에 대한 커뮤니

케이션이 늘수록 뉴스의 품질은 높아지기 마련입니다. 1980년대 시청료 거부 운동의 성공 이후 많은 언론 관련 시민단체들이 1990년대와 2000년대를 거치며 의욕적으로 활동 중입니다. 청소년, 여성, 환경, 정치 등에 특화해 언론인과 간담회를 열거나, 좋은 뉴스는 따로 시상하고 나쁜 뉴스는 규탄하는데요. 이들 시민단체에 가입하고 후원하며 그들의 활동을 지지하는 것도 언론 감시를 위한 한 방법입니다. 그와 같은 측면에서 1990년대 후반과 2000년대 초반의 **안티조선 운동**은 주목할 만한 언론 시민운동이었습니다. 우리 사회에는 보수적 이데올로기를 공유하고 있으며 신문 시장에서도 차지하는 비율이 높아 하나로 묶을 수 있는 신문들이 있습니다. '조중동'이라 불리는 『조선일보』, 『중앙일보』, 『동아일보』입니다. 안티조선 운동은 이 중 대표적으로 조선일보를 꼽아 구독을 끊고 글이나 광고를 싣지 말자고 했어요. 조중동의 보수적인 이데올로기가 지나쳐 뉴스가 사실을 자주 왜곡하고, 그로 인해 사회에 대한 사람들의 상상과 해석에 나쁜 영향을 미친다고 여겼기 때문입니다. 조선일보를 없애자는 건 아니었습니다. 다만 제대로 된 보수 이데올로기를 조선일보가 담아 달라는 주문이었지요.

몰론 여기에서도 대표의 문제가 발생합니다. 어떤 사람들은 안티조선 운동에 동의하지 않을 수가 있겠지요. 또 글이나 광고를 싣지 말자는 것도 이미 우리 사회에서 조선일보가 찾아갈 정도로 유명해진 사람들이나 돈이 많은 사람들만 할 수 있는 일일 수도 있습니다. 자칫 시민 없는 시민운동이 될 수가 있습니다. 이를 피하기 위해서는 생각이 다른 사람들과도 대화하고, 학식이나 재력의 차이와 상관없이 많은 사람들을 함께 묶을 수 있는 하나됨을 고민해야 합니다. 이런 측면에서 저는 거창한 시민운동 못지않게 시민들의 일상 속 소박한 실천도 매우 중요하다고 생각해요. 시민단체에 기대지 않더라도, 방송사나 신문사의 인터넷 게시판에 뉴스에 대한 불만이나 애정을 직접 표현하는 것 또한 시민인 우리가 하는 시민운동이 아닐까요? 단지 자주 접하게 되는 완성된 뉴스의 겉뿐만 아니라 완성되지 않은 뉴스의 속까지도 말입니다.

가령 언론사 내부의 파업은 뉴스의 속을 들여다볼 수 있는 좋은 기회입니다. 그것이 기자들의 임금 인상이나 복지 개선을 위한 것이라면 평범한 우리와는 거리가 먼 일이겠지만, 만약 그 파업이 편집권의 독립을 통해 우리의 알 권리를 제대로 대표하려는 것이었다면 문제는 달라집니다. 그들은 뉴스의 속을 채워 충실히 우리의 알 권리를 대표하기 위해 파업을 하는 것이니까요. 그런 이유로 대개의 언론사 파업은 시민들의 지지와 연대를 호소합니다. 제 밥그릇 싸움이 아님을 강조하지요. 만일 그에 관심을 갖고 동의한다면, 그들을 외로이 내버려 둘 것이 아니라 우리가 뉴스를 지켜보고 감시하며 애정을 갖고 있다는 것을 알려야 합니다. 트위터나 블로그, 카톡, 인터넷 게시판에 언론의 독립성을 지지하는 의견을 전하는 것, 동감하는 것, 더나아가 좋은 뉴스를 만드는 언론사의 신문이나 방송을 자주 사고 보는 것, 그렇지 않은 언론사는 구독을 끊거나 방송 채널을 지우는 것은 가장 일상적이면서도 직접적인 신호가 될 것입니다. 이를 통해 시민운동의 흐름이 생기고, 여론이 두드러지게 되며, 그에 반응해 언론사 역시도 자신들의 뉴스가좋은 뉴스인지 나쁜 뉴스인지 고민할 수 있을 테고요.

뉴스가 문제가 될 때, 다시 말해 뉴스가 뉴스가 될 때, 뉴스를 비판하고 보다 좋은 뉴스를 만들어 달라고 요구할 권리와 책임이 우리에게 있습니다.

한 사회의 뉴스 품질은 그 사회의 수준을 반영합니다. 뉴스는 우리 사회의 거울입니다. 뉴스가 우리를 담기 때문이며, 우리가 어떻게 하는가에 따라 뉴스의 질 또한 달라지기 때문입니다.

닭싸움 결과는
24주 후에

2012년 1월 28일 『무한도전』 286회는 하하와 노홍철의 대결이었습니다. 동갑내기 두 친구 중 과연 누가 형인가를 정하려고 간지럼 참기, 닭싸움, 캔 뚜껑 따기 등의 치열한 경기를 펼쳤는데요. 정작 이 경기의 결과를 알 수 있었던 287회는 무려 6개월 뒤인 2012년 7월 21일에 방송되었습니다. 『무한도전』이 24주 동안 결방한 것입니다. 겨울옷을 입고 벌인 경기를 한여름에 봤어요. MBC에서 그해 1월 30일부터 7월 17일까지 파업이 있었기 때문입니다. 『무한도전』의 제작진은 파업에 적극적으로 참여하였습니다.

MBC에서만 파업이 있었던 것은 아니었습니다. 2012년 3월 6일부터 6월 8일까지 KBS에서도 95일 동안 파업을 합니다. 이들 공영방송의 파업 원인은 하나였습니다. KBS와 MBC는 이사회를 통해 사장을 선임한다고 말씀드렸습니다. 문제는 이사회의 구성이 기울었다는 점입니다. 대통령이 속한 여당, 대통령, 야당이 각각 이사를 추천하다 보니 여당 쪽 사람들이 이사회의 다수를 차지하게 되고, 이사회가 선임한 언론사 사장 또한 친여당이 되기 일쑤입니다. 원칙적으로는 이사들이나 사장이 자율성을 갖고 공적으로 방송사를 운영하면 문제가 없겠지만, 자신을 뽑아 준 사람들의 눈치를 보거나, 아니면 처음부터 자신을 뽑아 주면 뽑아 준 사람의 입장을 충실히 반영하겠다고 약속했지요. 그러다 보니 각 공영방송의 뉴스가 여당에 편향되었습니다. 여당에 불리한 뉴스는 축소되거나 빠지고, 유리한 뉴스는 부풀려지거나 반복되었습니다. 이에 반발해 각 방송사의 노동자들은 '공정

방송 회복과 낙하산 사장 퇴진'을 명분으로 2012년에 파업을 벌였습니다.

　　우리나라에선 무노동 무임금 원칙이 있어서 파업을 하면 노동자들은 월급을 받지 못합니다. 그럼에도 공영방송의 기자, PD, 아나운서들은 긴 파업을 지속했습니다. 제 월급 때문이 아니라 공영방송으로서의 책임 의식 때문이었을 것입니다. 뉴스가 바로 서야 방송사의 전체 이미지도 좋아지고, 그때서야 『무한도전』 같은 예능 프로그램도 시청자들에게 더 많은 사랑을 받을 수 있다는 믿음 때문이었을 것입니다. 파업은 방송사 임원진들로부터 공정 방송을 약속받고, 각계각층으로부터도 공영방송 이사회의 편향성 문제를 개선하겠다는 합의를 얻어 낸 후에야 종료되었습니다. 하지만 이 당연한 약속과 합의를 얻기가 무척이나 어려웠습니다. 만일 시청자들의 관심과 감시가 지속되지 못한다면 약속과 합의는 언제든 휴지 조각이 될 수 있습니다. 공영방송은 또 다시 위기에 처하겠지요. 안타까운 점은 사람들의 관심이 점점 더 언론사의 파업으로부터 멀어진다는 점입니다. 혹시 우리는 뉴스 품질 저하가 아니라 『무한도전』의 결방으로 비로소 방송사의 파업을 알았던 것은 아니었을까요?

4

직접 뉴스를 만들자

/

1인 미디어의 시대

지금부터는 구조 바깥의 해법에 대해 살펴보지요. 새로운 탁자를 구하는 일입니다. 아예 우리가 직접 뉴스를 만드는 방법입니다. 힘들지만 최선의 해법처럼 보이기도 합니다. 그럴 수만 있다면 언론의 구조적 문제점인 대표의 한계, 앎의 권력화, 대중매체의 한계는 어느 정도 사라질 테니까요. 제 스스로를 대표하니 앎의 권력은 독점되지 않을 것이고, 모두가 커뮤니케이션 수단을 갖기에 소수에게 한정된 대중매체의 한계로부터도 벗어날 수 있습니다. 재현의 대상으로 머무르기보다는 재현의 주인공이 되자는 것입니다. 재현(re-presentation)에서 한 걸음 더 나아가, 직접 드러내기(presentation)를 고민하는 일입니다.

관련된 기술 환경은 긍정적입니다. 원칙적으로는 누구나 기록하는 자, 기자가 될 수 있지만 이를 가로막았던 가장 큰 장애물은 미디어였습니다. 소수의 대중매체에 속하거나 이를 거쳐야만 자신의 뉴스를 널리 알릴 수 있었기 때문이지요. 하지만 블로그, 트위터, 페이스북, 유튜브, 팟캐스트, 카톡 등등의 새로운 매체(new media)가 나오며 상황은 바뀝니다. 정보기술(IT, Information Technology)의 급격한 발전은 **1인 매체**와 **개인 저널리즘** 시대를 열었습니다. 누구나 자기가 하고픈 말을 널리 알릴 수 있는 마이크를 가질 수 있습니다. **사회연결망 서비스**(SNS)는 사람들과 사람들을 촘촘하게 엮어 폭발적으로 이슈를 실어 나릅니다. 파워블로거의 경우 블로그 방문자가 하루에 몇만 명에 이르고요. 몇십만 명을 팔로워로 거느린 트위터 이용자도 있습니다. 그중에는 강한 입장과 개성을 갖고 있어서 트위터를 통해 많은 여론 영향력을 지닌 이들도 있지요. 유튜브도 획기적입니다. 가수 싸이의 「강남 스타일」이 유튜브를 통해 전 세계적으로 인기를 얻었던 것을 떠올려 보세요. TV, 신문 등의 전통적 대중매체보다 1인 매체가 더 큰 영향력을 행사했습니다. 팟캐스트는 어떤가요? 간단한 장비만 갖춘다면 나만의 라디오 방송국을 만듭니다.

　누구나 각자의 관심사에 따라 제 나름의 언론사를 꾸릴 수 있고, 입맛에 맞게 여러 1인 매체를 구독할 수도 있으며, 대중매체에 기대지 않고도 자신이 만든 뉴스를 전국으로 전할 수 있습니다. 뉴스를 기록하는 수단도 편리해졌는데요. 글뿐만 아니라 이제는 손 안의 스마트폰으로 쉽게 사진이나 동영상을 담고 편집해 인터넷에 올려 널리 퍼뜨릴 수 있습니다. 기술적 환경만 놓고 본다면 더 이상 대중매체가 뉴스 만들기의 중심은 아닌 것 같습니다.

　이러한 기술 진화에 힘입어 현재 여러 대안 언론매체들이 활발하게 새로

만들어지고 있으며 자신의 뉴스 영향력을 넓혀 갑니다. '모든 시민은 기자다'를 모토로 내건 인터넷 신문『오마이뉴스』는 그 선두 주자였고요. KBS, MBC, YTN 등 주류 대중매체에 속해 있다가 대중매체의 한계를 절감하고 나온 기자와 PD들이 만든 독립 언론『뉴스타파』, 주로 노동계의 현장 뉴스를 전하는『칼라TV』, 1인 온라인 저널리스트로 수년간 인상적인 활약을 펼친 '미디어몽구'와 '아이엠피터', 2011년 4월부터 2013년 2월까지 국내에 팟캐스팅 열풍을 일으켰던『나는 꼼수다』, 그리고 속보 경쟁에서 자칫 놓치기 쉬운 사안들을 꼼꼼하게 되짚어 주는 블로거 연합 사이트 '슬로우뉴스'에 이르기까지, 이곳에 모든 이름을 다 나열하기 어려울 정도의 다양한 언론매체들이 최근 몇 년간 폭발적으로 늘었습니다.『나는 꼼수다』는 그 영향력을 인정받아 기존 대중매체를 제치고 2011년 전국언론노동조합이 주관하는 민주언론상을 받기까지 했고요.

새로운 매체의 영향력 확대는 우리나라에만 해당되지 않습니다. 퓰리처상이라고 들어 보셨는지요? 언론인에게 시상하는 전 세계적으로 가장 권위 있는 상 중 하나인데요. 2010년 심층탐사 보도를 전문으로 하는 미국의 비영리 언론『프로퍼블리카』(ProPublica)는 온라인 매체로서는 처음으로 퓰리처상을 수상했습니다.『위키리크스』(WikiLeaks)도 빠질 수 없겠습니다.『위키리크스』는 2006년 12월에 설립된 폭로 전문 웹사이트로, 정부나 글로벌 다국적 기업 등의 비윤리적 행위와 불법행위에 관련된 비밀문서를 인터넷에 폭로해 전 세계적으로 커다란 반향을 일으켰습니다.

퍼스널 저널리스트
김진숙

김진숙 씨는 부산을 거점으로 수십 년간 노동운동을 펼친 분입니다. 스물한 살이던 1982년 부산 영도의 한진중공업에 취업해 여성 용접공으로 일하다가 1986년 부당 해고를 당한 뒤 오랫동안 노동운동에 헌신했습니다. 노동운동 내에서는 명망가였어요. 하지만 대중적 지명도는 낮은 편이었습니다. 노동자에 대한 부당한 처우를 고발하고 노동자에 대한 따뜻한 시선이 서정적이었던 『소금꽃나무』(2007)라는 베스트셀러의 저자이기도 했지만 많은 사람들이 그녀를 알지는 못했습니다.

그랬던 그녀가 2011년 뉴스의 중심에 섭니다. 한진중공업이 대규모 구조조정을 예고하자 홀로 35미터 고공 크레인에 올라 "해고는 살인이다"를 외치며 점거 농성을 시작합니다. 회사는 경영 악화를 이유로 들었습니다. 그러나 노조는 사측이 노동자에게만 일방적 책임을 묻는다고 거세게 반대했습니다. 구조조정이 이번이 처음은 아니었고 회사는 항상 개선책을 마련하겠다고 했지만 잘 지키지 않았기 때문입니다. 노사 간의 대화가 단절된 뒤 김진숙 씨는 극단적 선택을 했습니다. 그녀가 크레인에 오른 날은 2011년 1월 6일이었습니다. 부산 영도의 겨울 바다 바람이 매섭게 몰아치던 때입니다. 그리고 마침내 땅을 내려온 날은 무려 309일이 지난 2011년 11월 10일이었습니다. 냉방도, 난방도 작동하지 않던 곳에서 그녀는 목숨을 걸고 구조조정 반대를 외쳤고, 마침내 노사는 극적으로 합의에 이르렀어요. 그런데 이 사건에서 제가 관심을 갖는 것은 김진숙 씨의 영웅적 행위가 아닙니다. 그녀가 고공 농성을 벌이는 기간 동안 벌어졌던 여론의 변화와 김진숙 씨의 저널리스트로서의 행위입니다.

그녀가 크레인에 올라 문을 걸어 잠그며 몸에 지녔던 것은 스마트폰이었습니다. 그녀는 트위터를 통해 자신의 일상과 시위의 당위성에 대해 알리기 시작합니다. 한진중공업뿐만이 아니라 여러 곳에서 정리해고 위기에 놓인 노동자들의 어려움을 말합니다. 그녀 자체가 기록하는 자, 기자, 저널리스트가 되었습니다. 처음에는 작은 목소리였지만 점차 그녀를 응원하는 이들이 늘어 갔고 여론이 그녀 편에 서게 됩니다. 김진숙 씨를 지지하는 신문 광고가 자발적으로 시민들에 의해 실렸으며 전국에서 수많은 이들이 그녀가 농성하는 부산 영도와 서울에 희망버스란 이름으로 모여 수차례 지지 집회를 엽니다. 사람들이 이렇게 모일 수 있었던 것은 김진숙 씨가 딱해서라기보다는 많은 이들이 김진숙 씨처럼 구조조정이나 정리해고의 위험에 처해 있었기 때문입니다. 여론이 움직이자 기존의 대중매체도 뒤늦게 김진숙 씨의 소식을 보도하기 시작합니다. 국회는 한진중공업 관련 청문회를 열어 노사 간의 대화를 촉구합니다. 그녀는 기업의 구조조정으로 위기에 내몰리는 노동자의 대표자로 받아들여졌습니다.

물론 기존 언론들이 김진숙 씨 이전에는 기업과 노동자의 갈등을 아예 보도하지 않았던 것은 아닙니다. 그들 또한 나름의 방식으로 뉴스를 고르고 엮고 날랐습니다. 구조조정과 정리해고는 우리 사회의 주요한 의제였습니다. 그러나 그녀만큼 진정성 있게 노동자를 직접 대표했던 기자나 언론은 드물었습니다. 궁극적으로는 남의 이야기가 될 터이니까요. 또한 많은 뉴스는 관리받는 사람들보다 관리하는 사람의 편에 섰으니까요. 반면에 그녀는 트위터를 통해 일일이 사람들의 물음에 직접 답하며 앎을 나누고 평등하게 소통했습니다. 사람들이 처한 어려움에 공감했습니다. 그녀는 자신의 이야기를 자신이 풀었기 때문에 정치권력이나 자본권력으로부터도 자유로울 수가 있었습니다. 대중매체였다면 이토록 살갑

고 유연하며 독립적으로 의제를 세우고 알리기가 쉽지 않았을 것입니다. 김진숙 씨의 사례는 대중매체를 중심으로만 이야기되던 저널리즘에 새로운 자극을 불어넣은 사건입니다. '기록하는 자'란 원래 뜻에 맞게 우리 모두를 기자로 이야기할 수 있는 가능성을 보여준 셈이지요. 2011년 민주언론상의 영예는 『나는 꼼수다』에게 돌아갔지만 저는 이 상을 김진숙 씨가 받아도 손색이 없었을 것이라 생각합니다. 김진숙 씨는 그해의 저널리스트였습니다.

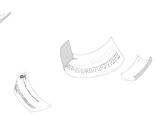

'할 수 있는 것'과 '하는 것'

이들 대안언론과 여기에 속해 있는 저널리스트들은 기자협회나 PD연합회와 같은 직능단체에 가입하지 않았으면서도 저널리스트로 충실히 활약하고 있습니다. 어떤 대안언론은 대중매체보다 더 큰 신뢰를 받기도 합니다. 기자와 일반인을 가르던 벽이 허물어진 셈입니다. 또한 새로운 대안언론이 이렇게나 나올 수 있었다는 것은 그만큼 기존의 대중매체가 놓치고 있던 뉴스가 많았거나 문제가 있었다는 것을 의미하기도 하지요. 사실, 잠재적으로는 모든 사건이 뉴스가치가 있잖아요. 문제는 어떤 가치 체계 속에 들어가느냐인데요. 정보기술 혁명은 우리에게 다양한 뉴스가치를 발굴하고 소통하며 새로운 뉴스의 가치 체계를 꿈꿀 수 있는 기회를 제공합니다. 이들 대안언론은 기존의 기울어진 언론을 대신할 수 있는 새로운 탁자처럼 보이기도 합니다.

하지만 이 지점에서 우리는 잠재성과 현실성을 혼동하는 우에서 벗어나야 할 것입니다. '할 수 있는 것'과 '하는 것'은 다른 문제입니다. 아무리 기술 환경과 매체 환경이 긍정적이라 해도 정작 매체를 사용하는 우리가 기록하는 자, 기자가 될 준비를 갖추지 못했거나 새로운 내용을 접할 수가 없다면, 혹은 준비가 되고 들을 수 있더라도 제 말만 하고 같은 편의 말만 들을 뿐 다른 편의 말에는 귀를 닫는다면, 새로운 매체는 금세 무용지물이 됩니다. 실제로 밤늦게 길을 가다 보면 폐지 줍는 어르신들을 많이 보게 되는데요. 그분들은 과연 스마트폰을 갖고 있을까요? 과연 인터넷 속의 많은 이야기를 들으실 수는 있을까요? 더욱이 어지간한 성찰과 반성 없이는 대표의 정당성과 앎의 권력화 문제도 다시 불거집니다. 잠재성은 현실의 어려움을 가리는 알리바이가 될 수 있습니다. 실은 앞에서 말씀드렸던 대안매체들 중 여럿은 이미 기존의 언론사나 대중매체에 몸담고 있었던 이들이 만든 것입니다. 누구나 기자가 되고 언론사를 만들 수 있지만 누구나 사회적으로 인정받고 좋은 뉴스를 만드는 것은 아니랍니다. 감나무 아래에서 입만 벌린다고 감이 저절로 떨어지지는 않겠지요. 1인 미디어를 장밋빛으로 예찬하며 기존의 대중매체를 대체했다고 보기에는 여전히 커다란 현실적 제약들이 존재합니다.

　기술 예찬론자들은 새로운 기술이 등장할 때마다 흥분했습니다. 신기술이 어떻게 인간의 삶 전체를 바꿀지에 환호하고, 우리가 이전보다 훨씬 편리하고 행복하게 살 것이라고 예측하지요. 미디어도 마찬가지였던 것 같습니다. 신문에서 라디오로, 라디오에서 텔레비전으로, 그리고 케이블 텔레비전, DMB, 위성방송, IPTV, 인터넷, 스마트폰에 이르기까지 언제나 새로운 미디어는 새로운 커뮤니케이션에 대한 기대를 낳았습니다. 우리의 커뮤니케이션이 더 원활하게 이루어질 것이라고 전망하며, 그에 따라 커뮤니케이션으로서의 뉴스 또한 획기적인 진보를 이룰 것이라 꿈꾸곤 했습니다. 하지만 기술 예찬론자들이 놓치는 지점이 있습니다. 기술은 결코 하얀 도화지 위에 매번 새롭게 그려지는 것이 아니라는 점입니다. 기술이 등장하기 이전부터 살던 사람들이 존재하며, 기술은 사람들의 관계 속에서 선택적으로 받아들여집니다. 기술 잠재성은 현실의 제약 속에서 절충됩니다.

그 많던 VJ들은 어디로 갔나

기술 발전에 힘입어 가장 처음으로 1인 매체의 가능성을 보여 준 것은 1990년대 중후반의 **VJ**(Video Journalist)였습니다. 비디오기기의 성능이 향상되면서 혼자서도 쉽게 영상을 만들고 편집할 수 있는 환경이 구축되었고, 대형 방송사나 신문사에 속하지 않으면서도 독립적으로 활동하며 세상을 기록하는 이들이 하나둘 늘기 시작했습니다. 자신과 자신이 속한 이들을 대표하며, 앎의 힘을 수평적으로 전하는 VJ의 등장입니다. VJ들은 그동안 대중매체가 조명하지 않았던 소외된 사람들의 이야기를 다큐멘터리나 영화로 만들고 기록으로 남겼습니다. 영상세대의 등장이란 환호도 있었습니다. 당시 EBS는 『10대 리포트』란 이름의 VJ 프로그램을 편성했는데요. 『10대 리포트』는 청소년 VJ에게 자신들의 이야기를 자유롭게 찍고 취재하도록 했어요. 제 이야기를 스스로 하니 어른과는 다른 시각이 자연스럽게 배어 나왔고, 그래서 무척이나 신선했던 기억이 납니다. 촬영과 내레이션 등등에서 아마추어 티가 역력했지만 솔직하고 가감 없는 학업 스트레스 호소, 패션에 대한 관심, 기성세대에 대한 불만 토로가 충분히 이를 상쇄하였습니다.

그러나 낭만 뒤의 현실은 냉정했습니다. 지금도 여전히 독립적으로 활동하는 VJ들이 있지만, 그 수는 소수입니다. 자신이 만든 뉴스를 전할 수 있는 채널이 마땅치 않았고 대중적 관심도 쉽사리 사그라졌기 때문입니다. 비유하자면 VJ는 대형마트 옆의 구멍가게에 가까웠습니다. 옆 매장(대중매체)은 으리으리하게 가게를 꾸며 놓고 다양한 상품을 전시해 놓아 찾는 사람들이 많지만, 혼자 만든 뉴스는 상대적으로 초라해 보이고 눈에 띄기도 쉽지 않았습니다. 아무리 유기농 식품이라 몸에 좋다고 할지라도 공산품의 물량 공세 앞에서는 무력했습니다. 그러다 보니 VJ는 원래의 기대와 달리 대중매체의 하청업자나 체인점으로 전락하는 경우가 많은데요. 방송사 입장에서는 여럿이 만든 영상물보다 가격이 저렴해 매력적인 뉴스 상품이었고, VJ의 경우에도 아예 사람들이 안 보는 것보다는 낮은 가격이라도 대중매체에 뉴스를 납품하는 것이 최악의 상황을 모면하는 길이었습니다. 1인 매체의 가능성은 풍부했지만, 이미 유명세와 유통망을 갖춘 대형 방송사와 신문사의 장벽을 넘기에는 부족했습니다. 『VJ특공대』를 떠올리시면 쉽게 이해가 갈 것입니다. 맛집이나 기이한 사람을 담은 이야기는 차고 넘치지만, 그곳에 제 스스로를 대표하고 자신의 이야기를 평등하게 소통하는 VJ는 드물기만 합니다. 방송사가 원하고 주문했으며 안정적인 시청률이 보장되는 그저 그런 아이템들이 계속 반복될 뿐입니다.

대안언론의 앞날을 응원하며

어디 『VJ특공대』뿐이었겠습니까. 인터넷의 낚시성 기사들도 마찬가지입니다. 충격, 경악, 얼짱 등등의 제목을 달고 사람들의 클릭을 유도하는 기사들 말입니다. 네이버나 다음과 같은 거대 포털의 하청업자나 체인점으로 전락해 근근이 생명을 유지하는 언론사도 부지기수지요. 뉴스의 대표성이 편중되어 있으며, 만만하고도 자극적인 연예인들에 대한 뒷담화 권력이 되기도 합니다. 대안언론에서도 비슷한 상황이 반복될 수 있습니다. 대안언론은 재정 자립도가 매우 취약합니다. 낚시 기사를 만들지 않기 위해 광고 수익보다는 뉴스를 구독하는 일반 시민들의 후원을 통해 제작비를 충당하는데요. 사람들의 선의에 언제까지 기댈 수 있을까요? 물론 이들 대안언론이 계속 특종을 터뜨리거나 새로운 뉴스가치를 발굴하여 사람들이 많이 찾아 준다면 후원은 끊이지 않겠지요. 하지만 특종을 계속 내기가 쉬운 일은 아닙니다. 뉴스에는 흐름이 있습니다. 어떤 때는 잔잔하다가도 특정한 순간에 급격한 파장이 일고, 이때 기자들이 달라붙어 특종을 발굴하는 경우가 많습니다. 아니면 흐름을 바꿀 심층 기사를 써야 하는데요. 몇 달에서 몇 년이 걸리기도 합니다. 반면에 잔잔한 흐름 속에 물밀 듯한 후원이 계속되기는 어렵습니다. 대안언론에 대한 사람들의 관심은 시나브로 사라지겠지요. 그런 이유로『뉴스타파』,『칼라TV』등등 대안언론의 이름을 이곳에 직접 소개하는 것에 걱정이 많았습니다. 혹시 잠시 반짝했다가 사라질 언론에 지나친 의미와 가치를 부여하지는 않았을까, 언젠가 이들 또한 또 다른 낚시 언론으로 전락하는 것은 아닐까란 우려였습니다.

그럼에도 불구하고 제가 이들 대안언론을 직접 거명한 것은 이들이 지금까지 해 온 것만으로도 충분히 주목할 만한 가치가 있으며, 앞으로도 여전히 지금 같은 활약을 계속해 주길 바라기 때문입니다. 기존 대중매체만으로는 우리 사회의 다양한 뉴스에 대한 욕구가 충족되지 않습니다. 대안언론이 기존 언론이 놓친 빈 구멍들을 잘 채워 가고 대중매체도 이에 자극받아 서로 경쟁할 때 우리네 언론 토양은 비옥해집니다. 언론이라는 탁자가 하나여서는 안 됩니다. 탁자 하나로는 정리 정돈할 수 없는 여러 이슈들이 우리 사회에 존재합니다. 그중에는 마땅히 주목해야 함에도 불구하고 제 위치에 놓이지 못하고 제대로 대접조차 받지 못한 이슈들도 있습니다. 이들을 함께 바라볼 수 있게끔 늘 써 오던 탁자가 기울어졌다면 고쳐 쓰고, 다양한 사회적 논의와 여론을 모으기 위해서는 새로운 탁자를 마련해야 합니다. 새로들인 탁자가 적당치 않다면 이 또한 고쳐 써야 하고요. 그러므로 나쁜 뉴스를 줄이는 구조적 해법이나 구조 바깥의 해법은 늘 현재 진행형일 수밖에 없습니다. 완벽한 묘수가 있다면 참 좋겠지만 사람이 하는 일인지라 빈틈이 많고, 또한 사람이 하는 일인지라 개선의 가능성도 큽니다. 이를 위해서는 무엇보다 뉴스에 대한 지속적인 관심이 필수겠지요.

📺

모든 문제의 해법은 새로운 문제의 출발입니다. 문제를 바로 알아야만 새로운 출발점을 정확하게 그릴 수 있습니다. 지금까지는 주로 언론이나 뉴스를 중심으로 어떻게 좋은 뉴스와 나쁜 뉴스를 가를 것인지, 그리고 나쁜 뉴스가 구조적 불량품이라면 어떻게 구조를 바꾸거나 새로운 구조를 만들 것인지를 살폈습니다. 그런데 여기에는 한 가지 전제가 있었습니다. 바로 독자나 시청자는 아무런 악의가 없다는 전제 말입니다. 그래야만 좋은 뉴스가 좋은 사회로 직접 연결될 수 있지요. 그러나 과연 그럴까요? 혹시 낚시성 기사나 나쁜 언론을 만든 것은 우리 자신이 아니었을까요? 우리 또한 뉴스의 일부입니다. 뉴스는 수용자의 반응에 민감하게 반응합니다. 좋은 뉴스와 좋은 사회의 가운데에 좋은 수용자가 존재합니다. 다음 장에서는 좋은 뉴스를 만들기 위한 마지막 퍼즐인 우리 자신에 대해 살펴보도록 하겠습니다.

5장

좋은 뉴스가
만드는
좋은 공동체

인터넷의 나, 오프라인의 나

트위터는 크게 멘션, 팔로워, 팔로잉, 타임라인으로 구성됩니다. 멘션은 140자 이내로 자신의 생각을 쓰는 곳이고요. 그렇게 해서 써 놓은 글들이 자기 계정에 쌓입니다. 다른 사람의 멘션을 보고 싶으면 그들을 팔로잉합니다. 그러면 나의 멘션과 내가 팔로잉한 사람들의 멘션이 시간 순으로 엮여 타임라인을 만듭니다. 나를 팔로잉하는 사람들도 있을 것입니다. 이들은 팔로워입니다. 팔로잉과 팔로워를 함께 맺는 관계를 맞팔이라고 하는데요. 맞팔끼리는 서로 쪽지나 멘션을 주고받아 직접 이야기를 나눌 수 있습니다.

트위터를 주목하는 이유는 각자의 타임라인이 그들의 내밀한 관심사를 드러내기 때문입니다. 트위터 이용자들은 저마다의 타임라인을 갖습니다. 이 세상에 똑같은 타임라인은 존재하지 않습니다. 팔로잉이나 팔로워는 누가 시켜서 하는 게 아니지요. 어떤 사람을 팔로잉하는가, 누가 가장 많은 팔로워를 갖는가를 살피면 사람들의 공통된 취향을 짐작할 수 있을 것 같습니다. 이 글을 쓰는 시점에서 우리나라에서 가장 많은 팔로워를 거느린 트위터 이용자 10명을 찾아보았습니다. 무려 9명이 연예인이었고 소설가 이외수 씨가 유일하게 연예인이 아니었네요. 세계 순위를 보더라도 10위권 내에 연예인이 9명입니다. 미국의 오바마 대통령이 예외였습니다. 트위터 이용자들의 최대 관심은 국내외를 막론하고 연예인인 것 같습니다.

관심을 확장해 인터넷 전반을 살펴보지요. 인터넷의 특징 중 하나는 내가 드러나지 않는 익명성입니다. 오프라인이라면 얼굴, 이름, 성별, 직업 등등이 드러나 쉽게 밝힐 수 없는 속내가 있습니다. 인터넷이라면 아바타나 아이디 뒤에 숨어 솔직해지지요. 그런데 이 솔직함이 많은 경우 섬뜩합니다. 온라인 게임에서는 남의 아이템을 강탈하는 PK(Player Kill)가 성행하고요. 몇몇 사이트는 사회적으로 반윤리적이고 비도덕적 내용을 게시해 문제가 되기도 했습니다. 여자, 노인, 장애인을 조롱하고 지역 비하 발언을 쏟아 내며 전두환 전 대통령과 같은 독재자를 '전땅크'라 부르며 찬양했습니다. 자기들끼리 일간 베스트 순위를 정하고 누가 더 위악적인 내용을 쓰는가 경쟁하더군요. 과도한 신상 털기, 악플도 예사입니다. 물론 이 같은 내용은 온라인에서의 장난, 역할놀이(롤플레잉)이며 오프라인에선 다르다고 반박할 수 있습니다. 그러나 과연 무엇이 진짜 '나'일까요? 오프라인에서 그러지 않았던 것은 혹시 직접 드러내기를 가로막는 현실의 수많은 거름 장치 때문은 아니었을까요?

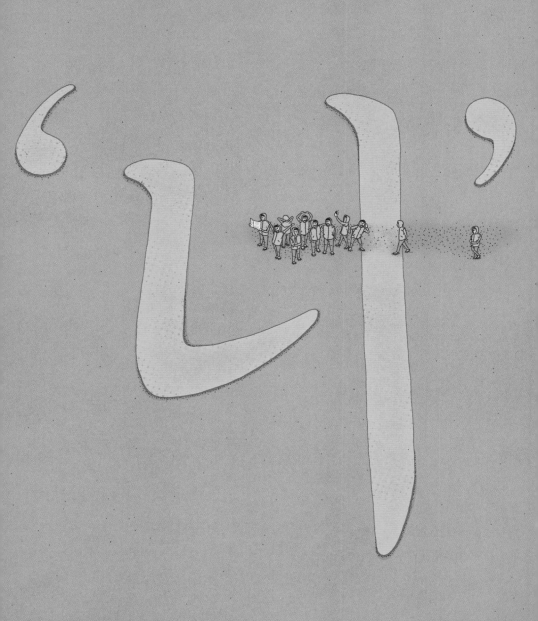

내가 원하는 뉴스만 볼 수 있다면

    '필요로 하는 것'(needs)보다 '원하는 것'(wants)에 우리가 더 자주 끌리는 것은 분명합니다. 연예인이 수많은 팔로워를 거느리는 이유는 그들이 우리 시대의 닮고 싶은 워너비(wanna-be)이기 때문입니다. 연예인의 자살, 파경, 이혼, 동영상 유출 같은 뉴스에 더 많은 댓글이 달리고 더 많이 클릭합니다. 인터넷에서 보이는 우리의 모습을 **악의 평범성**이라 말한다면 지나칠까요? 평범해 보이는 우리 모두가 이름을 감추니 다 별 생각 없이 악인이 되더란 말입니다. 너무 부정적이라면 한발 양보해 우리는 우리의 생각보다 더 이기적이라고 말씀드리지요. 이것은 뉴스에서도 확인할 수 있습니다. 우리는 사회 전체를 조망하는 뉴스보다는 즉각적으로 웃거나 놀라거나 분노할 만한 뉴스를 더 자주 찾습니다. 연예, 문화, 라이프스타일 등의 말랑말랑하고 아기자기하고 부드러운 뉴스가 정치, 경제 등의 심각하고 날 서고 딱딱한 뉴스를 압도합니다. 다른 사람에 대한 관심, 우리 사회의 구조적 문제보다는 나의 문제, 나의 관심과 흥미, 나의 이익과 재미에 몰두합니다.

    낚시성 기사나 흥미 위주의 기사를 쏟아 내는 몇몇 언론사 때문만이 아닙니다. 트위터나 인터넷에서 확인할 수 있듯, 저는 사람들이 개별적으로는 이기적이고 제 욕망에 충실한 것이 너무나 당연하게 느껴집니다. 가벼운 뉴스에 끌리는 것, 내가 좋아하는 스타에 환호하는 게 인지상정입니다. 경제학에서는 인간의 이기심을 긍정합니다. 각자가 시장에서 자신의 이익을 위해 최선을 다할 때 사회의 이익도 크다고 말합니다. 파는 사람은 최대한 비싸게 팔 테고 사는 사람은 최대한 싸게 사려고 합니다. 그러다 보면 어느 지점에서 마치 보이지 않는 손이 정한 것처럼 합리적인 가격이 자연스럽게 형성될 것이며, 이것이 그 사회의 합리적 이익이라고 봅니다. 흥미 위주의 뉴스를 많이 소비하는 지금의 언론 환경도 어찌 보면 우리 사회의 합리적 이익을 최대화하는 것입니다. 우리는 우리가 원하는 뉴스를 언제든지 바로 볼 수 있습니다. 어제 텔레비전을 보지 않았더라도 뉴스는 드라마나 예능 프로그램의 내용을 요약해 전하고요. 트위터를 통해 스타의 일거수일투족을 실시간 알 수 있으며, 요즘 유행하는 옷들이 무엇인지, 어디가 가장 각광받는 소비 중심지인지, 어떤 곳의 음식이 맛있는지, 누가 가장 불행한 상황에 처해 있어 그나마 내가 위로를 받을 수 있는지 등등을 뉴스를 통해 알 수 있습니다. 그 어떤 때보다도 뉴스는 우리 주변에 차고 넘칩니다.

그러나 인간의 이기심을 긍정한 경제학이 한 가지 놓친 지점이 있었습니다. 사람들이 원하는 것만 하다가는 필요로 하는 것을 아무도 안 하게 됩니다. 시장 실패입니다. 자연적으로 모든 이해관계를 조정한다고 여겼던 시장이 하지 못하는 일이 발생하게 됩니다. 예를 들어 군대나 국방이 대표적입니다. 원하는 사람만 군대에 가도록 하면 군인의 숫자가 절대적으로 부족할 거예요. 나라를 지키려고 세금을 내는데, 국방은 큰 전쟁이 일어나지 않더라도 언제나 만반의 준비를 해야 하는 분야지요. 원치 않더라도 누구나 세금을 내도록 강제해야 할 필요성이 있습니다. 님비(NIMBY, Not In My Back-Yard) 현상도 빠질 수 없습니다. 핵폐기물 처리장이나 쓰레기 처리장이 자기 뒤뜰에 놓이길 원하는 사람은 없습니다. 그럼에도 불구하고 이것들은 사회적으로 필요한 공동의 기반 시설입니다. 시장에서 인간의 이기심이 자연스럽게 조정될 것이라 믿고 손을 놓았다가는 수많은 시장 실패에 직면합니다. 사익 추구도 좋지만 공익에 대한 합의도 필요합니다.

'너'의 목소리를 듣는다는 것

공익에 대한 합의는 결코 자연스럽게 나오지 않습니다. 우선은 각자의 입장을 제대로 확인하는 일이 먼저이며, 그런 뒤에 끈기 있게 조율하는 일이 이어져야 합니다. '나' 뿐만이 아니라 '너'의 입장에도 서 봐야 합니다. 뉴스와 언론이 필요한 것은 '너'를 알 수 있는 기회를 주기 때문입니다. '나'의 관심과는 멀더라도 뉴스는 핵폐기물 처리장 건립에 대한 사회적 갈등을 보도해야 하고, 최저임금이 얼마나 되어야 할지 의견을 모아야 하며, 누가 과연 정치인으로서 약속을 잘 지키고 우리 사회의 지도자가 되어야 하는지를 알려야 합니다. 뉴스는 '나'에게서 '너'로 넘어가는 거름 장치입니다. 보이지 않는 손이나 시장 실패와 같은 어려운 경제학 개념을 빌려 말하지 않더라도 인간의 이기심을 조율해야 하는 언론의 필요성을 이야기할 수 있습니다. 이 책을 시작하며 커뮤니케이션으로서의 뉴스를 제안했는데요. 커뮤니케이션은 함께(com) 하나 됨(unify)이었습니다. 함께 묶이기 위해서는 서로의 이기심을 조정해야 합니다. 커뮤니케이션(communication)과 공동체(community)의 영어 철자가 비슷한 것은 우연이 아닙니다. 서로의 이기심에 대한 조정과 소통, '너'에 대한 이해가 우리가 함께 살아가는 공동체의 질을 결정합니다.

우리 모두는 개인적으로는 이기적입니다. 여기서부터 출발합시다. 사람

🔍 언론과 공공의 광장(Public Sphere)

경제를 뜻하는 영어 단어는 '이코노미'(economy)인데요. 고대 그리스어 '오이코스' (oikos)에서 유래하였습니다. 원래 오이코스는 가정을 의미했다고 합니다. 가정이야 말로 가장 사적인 일들이 벌어지는 곳입니다. 먹고 사랑하고 자며 아이를 키우는 곳입니다. 식탐이나 성욕을 해소하며 재산도 늘리는 곳입니다. 오이코스가 이코노미가 된 이유는 쉽게 짐작됩니다. 이코노미, 즉 경제는 인간의 사적인 이기심을 긍정하니까요. 경제학에서 말하듯 각자가 무언가를 이기적으로 욕망할 때 시장에서 상품이 거래 되고 재산도 늘 수 있겠지요. 반면에 '폴리스'(polis)는 '오이코스'와 구분됩니다. 사적인 욕망이 충족된 이들이 공공의 광장에 모여 '폴리스'를 합니다. 폴리스는 사적이지 않은 일들, 다시 말해 우리의 문제, 공공의 문제에 관한 일들입니다. '나'가 아니라 '너'의 입장에서 공통 이익을 찾는 일입니다. 폴리스는 오늘날 정치를 뜻하는 폴리틱스(politics)의 어원이 되었습니다.

정치 철학자 한나 아렌트는 폴리스, 다시 말해 정치의 원래 의미가 오늘에 이르러 퇴색되었다고 생각합니다. 그녀는 언제부턴가 공공의 광장이 정치가 아니라 경제로 채워졌다고 비판합니다. 어떻게 돈을 모을 것인지, 어떻게 먹고 사랑하고 잘 것인지가 정치 문제가 되었다고 말합니다. 그 와중에 '나'가 아니라 '너'의 입장에 서 보는 진짜 정치는 뒷전에 밀렸습니다. 아렌트가 경제, 즉 인간의 이기적 욕심을 부정한 것은 아닙니다. 다만, 공공의 광장에서 함께 이야기하기에는 부적절하다는 것이지요. 이러한 아렌트의 생각은 오늘의 언론에도 많은 시사점을 줍니다. 언론은 여러 사람들의 생각이 모이는 공공의 광장입니다. 그런데 이 광장에서 오가는 많은 이야기들이 대체로 연예인의 사생활, 소비 트렌드, 다른 이에 대한 험담들입니다. '너'는 없고 '나'만 있습니다. 이곳에 진짜 정치는 드뭅니다. 혹시 오늘의 언론은 공공의 광장이기보다는 누군가의 넓은 앞마당은 아니었을까요?

들의 개인적 관심에 부합하는 뉴스도 필요하지요. 다만 함께 살려면 각자의 이기심을 비교하고 양보할 필요가 있습니다. 함께 하나 되지 못한다면 커뮤니케이션이라 할 수 없어요. 그런 의미로 커뮤니케이션으로서의 뉴스는 우리가 어떻게 함께 살아갈 것인가를 나누는 행위입니다. 뉴스는 수많은 커뮤니케이션 중 가장 사회적이고(많은 이들이 읽고 보기 때문에), 공식적이며(사실을 다루기 때문에), 일상적으로(신문, 방송, 인터넷을 통해 늘 접하므로) 함께 하나 됨이 이루어지는 곳입니다. 제 일이 아니라고, 혹은 자신의 관심과 다르다고, 또는 내가 어찌할 수 없다는 이유로 뉴스에 무관심하거나 무력하게 뉴스를 방치하면 우리는 뉴스가 꾸려 가는 공동체를 무너뜨립니다. 뉴스는 수많은 사람들을 만나 대화하는 **공공의 광장**입니다. 광장은 다양한 사람들이 자유로이 출입하며 서로의 차이를 드러내는 곳입니다. 마치 모자이크처럼 서로 다른 개성이 모여 광장이라는 하나의 큰 그림을 그립니다. 광장에서 모두가 같은 옷을 입고 같은 동작을 펼치는 매스 게임을 하자는 것이 아닙니다. 각자의 이기심을 인정하면서 동시에 '너'의 목소리를 듣고 서로의 공통된 부분도 함께 생각해 보자는 것이지요.

공통된 목소리

공공의 광장이 어떤 곳인가를 떠올릴 수 있는 사례가 있습니다. 2008년 여름 서울 광화문과 청계천 소라 광장에서 있었던 촛불 시위입니다. 청소년들이 개시했습니다. 수입될 미국산 쇠고기에 대한 검역이 부실하다고 생각

되자 이를 개선해 달라는 목소리를 냈습니다. 급식을 먹어야 하는 청소년 입장에서는 당연한 자기 먹거리에 대한 이기적 관심이었습니다. 때마침 2008년부터 시작한 일제고사에 대한 불만도 광장에서 함께 이야기했습니다. 왜 전국의 초중고 학생에게 같은 날 반강제로 시험을 치게 해서 서열을 매기느냐는 것이었고요. 시험이 싫다는 이기적 불만이었습니다. 미국과 쇠고기 수입 협상을 벌이며 보여 주었던 정부의 자세도 청소년들에게는 시위 대상이었는데요. 우리 정부가 저자세로 협상을 벌여 폼이 안 났다고 이야기 했습니다. 굴욕적이라 싫다는 것이지요. 교복 차림에 촛불을 들고 각자의 손 글씨로 기발한 문구를 적은 손팻말을 흔들며 미국산 쇠고기 수입 반대를 외치던 청소년들의 모습은 무척이나 인상적이었습니다. 광장에 모인 이유는 제각각이었고 시작은 청소년들의 이기적 관심이었지만, 이곳에 모인 사람들 사이에 공통의 큰 그림이 그려졌습니다. 결국은 청소년들을 주체적으로 봐 달라는 것이었고, 청소년에 대해 큰 책임이 있는 어른들에게 당당하고 정의롭게 공적인 일을 처리해 달라는 주문이었습니다. 이에 공감한 많은 어른들도 광장에 나와 대화하고 소통했습니다.

　바람직한 뉴스의 모습을, 각기 다른 개성을 가진 이들이 모여 하나의 공통된 목소리를 함께 냈던 2008년 여름의 광화문 광장에서 그려 봅니다. 비록 각자의 개별적 관심으로부터 출발할 수는 있지만 뉴스의 최종 결과물, 그리고 뉴스에 대한 우리의 이야기들은 우리 모두에 대한 공통성을 찾는 작업이여야 합니다. 개인적이면서도 얼마든지 사회적인 뉴스가 가능하고요. 감성적이면서도 얼마든지 설득적인 뉴스도 가능합니다. 예를 들어 연예인에 대한 호기심과 이를 다룬 뉴스들은 그것이 다만 연예인에 대한 관심에만 멈추

어 있기 때문에 문제입니다. 우리가 연예인에 끌리는 것은 그들이 우리가 하지 못하는 것을 대신 하기 때문인데요. 왜 우리는 연예인처럼 못 하는지, 그를 가로막는 사회적 제약이 있다면 이를 개선할 수 있는 방안은 무엇인지를 뉴스를 통해 이야기할 수 있습니다. 우리가 돈이 없어서 못 했다면 최저임금을 높이거나 일자리를 늘려 돈을 더 많이 받게끔, 시간이 없어서 못 했다면 야근이나 특근을 줄여 일하는 시간을 줄이게끔 논의를 확장할 수 있습니다. 연예인의 자살 뉴스라면 자살 방법과 자살의 개인적 원인만을 이야기할 것이 아니라, 왜 우리 사회에 자살이 만연하는지를 밝히고 사회적 대응 방법은 무엇인지도 이야기하자는 것이지요. 연예인의 연애와 결별이 화제라면 왜 우리 사회는 타인의 연애와 결별에 이처럼 주목하는지, 혹시 우리는 남녀의 사랑을 사람들 앞에 전시하도록 사회적으로 강요받는 것은 아닌지도 더불어 이야기해야지요.

뉴스, 우리 각자가 기록하는 세상

'나'에게만 머무른 뉴스를 좋은 뉴스라 할 수는 없습니다. 뉴스는 커뮤니케이션입니다. 커뮤니케이션의 말뜻처럼 우리 모두의 참여와 동의를 전제합니다. 이를 위해 신문과 방송에서 보는 것처럼 꼭 입바른 소리나 교훈적인 이야기, 혹은 대단히 전문적인 지식과 논리력이 필요한 것은 아니랍니다. 이전에는 독백으로만 머물렀을 이야기들이 새로운 매체를 통해 사회적으로 확산되고, 공식적으로 알려지며, 일상적으로 나누어지고 있습니다. 배제되거나 배제되기 쉬웠던 다양한 목소리와 다양한 감수성들이 뉴스 속으로 흘러가 뉴스를 변화하고 있습니다. 중요한 것은 논리보다는 함께 하겠다는 태도와 의지겠지요. 타인에 대한 경청입니다. 물론 뉴스만이 우리의 현실을 지배하는 가장 강력한 힘은 아닐 것입니다. 뉴스 외에도 공동체를 단단하게 만드는 다양한 실천들이 있습니다. 가령 생계가 불안하다면 경제가, 남녀 차별로 불이익을 받는다면 가부장 제도가, 급우들이 집단으로 자신을 따돌린다면 학교 등등이 각자의 현실을 지배하는 가장 큰 힘일 테고, 이에 맞서는 여러 직접적인 실천이 공동체를 보다 살기 좋게 만드는 원동력일 수 있습니다. 현실의 어려움에 직접 부딪히는 일이 뉴스보다 더 중할 수 있습니다. 다만 뉴스는 이러한 개인적 문제를 사회적으로, 공식적으로, 일상적으로 논의할 수 있는 공공의 광장이기에 여전히 중요합니다. 보다 많은 이들까지도 공동체로 묶을 수 있는 힘이 뉴스에게 있는 것입니다. 새로운 매체에 힘입어 커뮤니케이션이 폭발적으로 늘어났습니다. 그와 함께 우리가 직접 하나가 되어서 보다 좋은 공동체를 만들 수 있는 기회와 잠재성 또한 늘었다고 생각합니다.

오늘날 뉴스는 이 확장된 커뮤니케이션 사이에서 나와 너 그리고 공동체의 가교 역할을 맡습니다. 뉴스는 단지 저 멀리서 우리를 관찰하고 내려다보며 기록하는 제3자의 것이 아닙니다. 우리가 어떻게 뉴스를 이해하고 받아들이는가에 따라 뉴스 또한 달라집니다. 좋은 뉴스가 좋은 공동체를 만들고 그 사이에 우리가 있습니다. 언제나 그리고 항상, 뉴스에 대한 관심은 우리가 사는 세상에 대한 관심과 일치하였습니다. 남은 과제는 여러분의 일상과 현실 속에서 보다 꼼꼼히 뉴스를 살피고 또 기회가 된다면 여러분 각자가 세상을 기록하는 자, 저널리스트가 되는 일이겠지요. 강조한 바대로 뉴스는 그럴 만한 가치가 충분합니다. 뉴스에 대한 관심과 참여가 계속되다 보면 어느 순간 우리 주변의 공동체가 조금씩 변화하는 모습을 느낄 수 있을 것입니다. 그냥 뉴스를 흘려보내지 마시길 바랍니다. 그럴 경우 뉴스가 여러분을 무심하게 흘려보낼 수도 있습니다. 우리가 사는 공동체로부터 우리 스스로가 멀어져 그 어느 때보다도 고립되고 소외될 수가 있습니다. 뉴스의 흐름 속에 여러분 자신을 흠뻑 적시길, 이를 통해 좋은 공동체를 만드는 일에 함께 할 수 있기를 바랍니다.

*

도움받은 책들

독자들이 책을 쉽게 읽고 방해받지 않게 하려는 목적으로 본문에 참고문헌이나 각주를 달지는 않았습니다. 그럼에도 불구하고 많은 책으로부터 영감을 받고 이를 참고하였음을 감출 수는 없겠지요. 아래는 이 책을 서술하며 제가 살펴본 책들의 일부입니다. 『세상은 어떻게 뉴스가 될까』를 바탕으로 해서 뉴스를 보다 깊고 넓게 이해할 수 있는 기회가 될 것입니다.

1장

상상의 공동체: 민족주의의 기원과 전파에 대한 성찰

베네딕트 앤더슨(1991), 윤형숙 옮김(2003), 나남출판

민족, 국가란 태어날 때부터 정해져 있어서 변하지 않는다는 일반적인 믿음을 근본적으로 바꾼 저작입니다. 정치학자 베네딕트 앤더슨은 꼼꼼한 현지 조사를 통해 민족이나

국가는 기껏해야 몇백 년 전에 만들어진 근대적 구성물임을 설득력 있게 보여 주었습니다. 그는 책과 신문과 같은 미디어의 공유, 동일한 언어의 사용, 국경일의 수립 등등을 통해 민족과 국가가 발명되었다고 주장합니다. 뉴스도 빠질 수 없겠지요. 뉴스는 오늘날 우리가 공동체를 상상하는 주요한 사회적 제도입니다.

시뮬라크르의 시대: 들뢰즈와 사건의 철학
이정우(2000), 거름

프랑스의 철학자 질 들뢰즈는 플라톤 이후 서구 철학의 중심이었던 재현(representation)의 철학에 도전했습니다. 플라톤이 이데아나 카피에 비해 무의미하다고 보았던 시뮬라크르에서 기존의 재현을 바꿀 수 있는 힘과 변화의 가능성을 찾았습니다. 이정우는 이와 같은 들뢰즈의 철학을 '사건의 철학'이라 이름 붙입니다. 재현이 아니라 현시(presentation)로 사건을 보자는 것이겠지요. 이정우에게 사건은 그 자체로 독특하고 독자적인 새로운 의미의 출발점입니다.

Understanding News
John Hartley(1982), London & New York: Methuen

'커뮤니케이션으로서의 뉴스'(news as communication)란 말을 이 책에서 빌려 왔습니다. 커뮤니케이션 학자 존 하틀리는 뉴스와 커뮤니케이션의 유사함을 언어의 사회성으로부터 찾습니다. 뉴스는 언어를 사용하며, 언어는 사람들 사이의 사회적 약속이고, 따라서 이 사회적 약속을 어떻게 이해하고 해석하느냐가 뉴스를 이해하는 핵심이라는 것이지요. 상상, 해석, 재현, 변화라는 네 열쇠말로 살핀 저의 뉴스 정의와는 비록 차이가 나지만 뉴스가 우리의 일상적인 커뮤니케이션과 함께하고 있다는 측면에서는 동일한 전제를 공유하고 있습니다.

2장

라캉 읽기
숀 호머(2005), 김서영 옮김(2006), 은행나무

눈의 익숙함, 생각의 익숙함, 상상의 익숙함은 프랑스의 정신분석학자 자크 라캉의 실재계, 상징계, 상상계를 염두에 둔 분류였습니다. 라캉의 이 세 개념은 인간의 사회화 과정을 설명합니다. 상징계는 언어의 도움을 받아 사회를 이해하는 방식, 상상계는 언어 바깥에서 환상과 믿음을 통해 세상을 이해하는 방식, 실재계는 상징이나 상상 없이 직접 세상을 이해하는 방식입니다. 매우 어렵고 정교한 개념이라 쉽게 이해하기 어려운데요. 숀 호머의 『라캉 읽기』는 비교적 간결하게 라캉의 개념들을 소개하고 있습니다.

아미엥에서의 주장
루이 알튀세르(1969), 김동수 옮김(1993), 솔

이데올로기를 이해하기 위해 꼭 살펴야 할 학자 중 한 명이 프랑스의 철학자 루이 알튀세르입니다. 특히 그의 이데올로기적 국가장치 개념은 매우 중요한데요. 알튀세르는 「이데올로기와 이데올로기적 국가장치」에서 한 사회가 계속 유지되기 위해서는 무력이나 물리력에 의한 지배 수단(억압적 국가장치)뿐만 아니라 이데올로기에 의한 지배 수단(이데올로기적 국가장치)도 필요하다고 했습니다. 사람들에게 지배 이데올로기를 주입하는 일이 필요하지요. 알튀세르에게 미디어, 언론, 뉴스는 가장 대표적인 이데올로기적 국가장치 중 하나였습니다.

옥중수고

안토니오 그람시(1971), 이상훈 옮김(1991), 거름

이탈리아의 정치철학자 안토니오 그람시는 지배 권력이 계속 유지될 수 있는 요인 중 하나는 대중의 동의가 있기 때문이라고 했습니다. 지배 권력은 대중이 갖고 있는 상식 속에서 자신이 지배할 근거를 찾아내고, 이를 알려 대중들을 설득하며, 일정한 양보를 통해 불안정하게 지배를 유지합니다. 국회에서의 정치적 협상뿐만 아니라 다양한 대중문화도 대중들이 지배 권력을 일상적으로 승인하는 공간이기도 합니다. 그람시의 논의를 따른다면 뉴스 또한 지배 권력이 대중들과 협상하는 중요한 장소 중 하나일 것입니다.

문제적 텍스트 롤랑/바르트

그레이엄 앨런(2003), 송은영 옮김(2006), 앨피

프랑스의 기호학자 롤랑 바르트는 이데올로기를 오늘날의 신화라 불렀습니다. 그는 광고, 레슬링, 사진 등의 다양한 대중문화 현상을 분석하며 어떻게 부자연스럽고 인공적인 것들이 신화와 이데올로기의 도움을 통해 자연스럽고 당연하게 보이게 되는지를 세밀하게 분석하였습니다. 뉴스도 빠질 수 없겠지요. 그레이엄 앨런의 『문제적 텍스트 롤랑/바르트』는 바르트의 생애와 그의 이론적 궤적을 알기 쉽게 설명하고 있습니다.

스튜어트 홀의 문화이론

스튜어트 홀(1980), 임영호 편역(1996), 한나래

알튀세르와 그람시의 영향을 강하게 받은 영국의 문화연구자 스튜어트 홀은 「기호화와 기호해독」에서 우리가 뉴스를 해독하는 세 가지 가상 모델을 제안하였습니다. 지배적 해독, 교섭적 해독, 저항적 해독이 그것입니다. 홀은 알튀세르로부터는 이데올로기가 사

회에 퍼지는 중요한 수단으로 뉴스를 바라볼 수 있는 통찰력을 얻었고, 그람시로부터는 뉴스가 만드는 이의 의도를 담아 사회에 퍼지는 데서 끝나는 것이 아니라 뉴스를 읽고 보는 수용자들과의 협상이 뒤따르게 된다는 시사점을 얻었습니다.

주요 일간지의 연평도 피격 사진이 표면적으로는 작은 산불처럼 보이지만 어떻게 심층적으로는 연평도 피격을 국지전처럼 보이게 하려는 의도를 담았는지, 혹은 명암이나 색감을 조정하여 어떻게 남북의 전면전처럼 보이게 하려는 의도를 담았는지에 대한 분석은 「뉴스 사진의 결정」을 떠올리며 서술한 부분입니다. 이 글에서 홀은 뉴스 사진의 재현에는 언제나 언론사의 의도와 이데올로기가 담겨 있음을 설득력 있게 제시합니다.

3장

미디어 기호학
대니얼 챈들러(2001), 강인규 옮김(2006), 소명출판

가치, 차이, 체계, 짝패 구조 등의 용어는 기호학에서 유래합니다. 기호학은 우리가 의미를 전하기 위해 사용하는 기호(sign)에 대한 학문인데요. 넓은 의미에서 보면 뉴스 또한 기호로 이루어진 진술들이지요. 챈들러는 다소 어려운 기호학의 개념들을 친절하고 알기 쉽게 요약하고 있습니다. 원래 영어 책 제목은 '초심자를 위한 기호학'(semiotics for beginners)입니다. 기호학의 여러 기초적인 기본 개념들을 접하실 수 있을 것입니다.

PD 저널리즘
원용진·홍성일·방희경(2008), 한나래

PD 저널리즘의 기원과 사회적 영향력에 대한 분석서입니다. 현직 PD들과의 심층 인

터뷰, PD 저널리즘 프로그램에 대한 분석, 다양한 이론적 고찰을 통해 저자들은 PD 저널리즘을 저널리즘의 일탈이라 말합니다. 하지만 그것이 부정의 일탈이 아니라 저널리즘에 다양성을 불러 넣은 긍정의 일탈이라고 말하며, 차이를 차별로 배제하지 않기를 당부합니다. 부록으로 실린 심층 인터뷰 전문은 현업 PD들의 생각을 직접 접할 수 있는 기회를 제공합니다.

아젠다 세팅: 당신의 생각을 조종하는 숨은 권력

맥스웰 맥콤스(2004), 정옥희 옮김(2012), 엘도라도

미국의 사례에 집중되어 있기는 하지만 어떻게 언론이 의제설정을 통해 특별한 이슈를 사회의 전면에 내세우며 사람들의 의식을 지배하는지를 이론화한 책입니다. 오랫동안 의제설정 이론을 연구하고 체계화한 맥스웰 맥콤스의 저작이라 더 신뢰가 갑니다. 의제설정 이론뿐만 아니라 그와 연관된 게이트키핑, 틀짓기(framing) 이론 등 다양한 커뮤니케이션, 저널리즘 이론도 함께 습득할 수 있을 것입니다.

신화의 추락, 국익의 유령: 황우석, 피디수첩 그리고 한국의 저널리즘

원용진·전규찬 편저(2006), 한나래

황우석 박사의 줄기세포 논문 조작이 MBC 『PD수첩』에 의해 밝혀지자 우리 사회는 공황 상태에 빠졌습니다. 국가적 프로젝트에 버금갔던 황우석 박사의 연구에 대한 열망이 컸기에 실망감은 배가되었습니다. 어떤 이들은 『PD수첩』이 황 박사의 작은 실수를 지나치게 부풀려 국익을 해쳤다고 극렬하게 반발하였습니다. 『PD수첩』에는 광고가 끊겼고 PD 저널리즘에 대해서도 온갖 사회적 비난이 쏟아졌습니다. 하지만 과학에 국익을 걸고 종교와 같은 믿음을 보낸 우리 자신과 기존 언론은 문제가 없었을까요? 연구자, 기

자, PD들이 황우석 사태에 대해 냉철하게 진단합니다.

4장

서발턴은 말할 수 있는가?: 서발턴 개념의 역사에 관한 성찰들

가야트리 차크라보르티 스피박(1988), 태혜숙 옮김(2013), 그린비

영국의 식민 지배를 받던 인도에는 남편이 죽으면 아내도 함께 묻는 순장 풍습이 있었습니다. 당시 영국은 야만적이란 이유로 과부 순장을 금지했고 인도의 민족주의자들은 영국의 개입이 문명을 핑계로 내걸은 또 다른 식민 지배라고 반발했습니다. 하지만 이 와중에 순장을 당해야 하는 여성의 목소리는 어디에 있을까요? 서발턴(subaltern)은 도시 빈민, 노숙인, 소작농, 성 노동자와 같은 한 사회의 최하층을 일컫는 말입니다. 힘없는 사람들을 대표하는 사람은 많아도 그들의 목소리를 제대로 대신해 주는 사람은 드뭅니다. 대표에는 커다란 책임이 따릅니다. 스피박은 묻습니다. 과연 "서발턴은 말할 수 있는가?"라고 말입니다.

How to Read 푸코

요하나 옥살라(2007), 홍은영 옮김(2008), 웅진지식하우스

프랑스의 철학자 미셸 푸코는 우리가 믿는 많은 지식들이 실제로는 진리가 아니라 권력의 효과임을 폭로합니다. 우리는 진리를 말합니다. 진리에 대해 이야기합니다. 하지만 이 말과 이야기는 진리 그 자체가 아니라 진리에 대한 말이며 이야기지요. 진리의 자리에 말과 이야기가 채워져 있을 뿐입니다. 말과 이야기를 진리라 부를 수 있도록 하는 권력이 지식에 달라붙게 됩니다. 푸코는 이를 담론 구성체(discourse formation)라고 부르

는데요. 요하나 옥살라는 푸코의 논의를 어떻게 읽어야 할지(how to read)에 대한 한 가지 방법을 안내해 줍니다.

한국 방송민주화 운동사
강준만(1990), 태암

강준만은 방송을 중심으로 1980년대 벌어진 다양한 언론 운동을 꼼꼼하게 기록했습니다. 이 책을 통해 시청료 거부 운동의 의미, 민주화 이후 MBC를 민영화할 것인가 공영화할 것인가를 둘러싼 당시의 사회적 논쟁들, 방송 민주화를 위해 KBS와 MBC의 내부 구성원들이 벌였던 방송 파업과 방송 노조 결성, 침묵과 왜곡으로 일관했던 5·18 광주 사태에 대한 방송사들의 뒤늦은 반성과 재조명 노력들, 사회 각계의 언론 제도 개혁 노력 등등을 살필 수 있습니다.

한국 언론 민주화의 진단: 1987～1997년을 중심으로
원용진(1998), 커뮤니케이션북스

1987년 민주화 항쟁 이후 국가의 노골적인 언론 통제 정책은 사라졌습니다. 많은 이들이 언론이 정상화되고 제 역할을 충실히 해 주길 기대했는데요. 짧았던 봄이 지나간 후 오히려 언론은 노골적으로 돈을 좇거나 이제는 국가가 아니라 기업의 통제를 받는 모습을 보여 주기도 합니다. 시민운동도 하나의 일관된 목소리를 내지 못하며 지지부진하고 이 와중에 국가는 보다 은밀한 방식으로 언론에 대한 통제 정책을 세워 나갑니다. 원용진은 1987년 민주화 이후부터 1997년 외환위기 이전까지 점증한 한국 언론의 위기를 진단합니다.

미디어몽구, 사람을 향하다: 소통과 공감으로 읽는 우리 시대

미디어몽구(김정환) · 이건범(2012), 상상너머

필명인 미디어몽구로 잘 알려진 김정환을 이건범이 인터뷰해 묶어 낸 책입니다. 미디어몽구는 본문에서 소개한 바와 같이 1인 블로거, VJ로 잘 알려져 있지요. 그가 처음 뉴스를 만들기 시작한 2005년부터 현재까지의 이야기를 담담하게 들을 수 있습니다. 1인 매체 운영자, 독립 비디오 저널리스트로서의 어려움, 여러 사건 현장을 누비며 얻은 소회, 일에 대한 보람과 사명감, 주류 언론이 기록하지 않는 소외된 이들에 대한 안타까움 등등이 생생하게 담겨 있습니다. '소통과 공감으로 읽는 우리 시대'란 부제가 무척이나 어울리는 책입니다.

5장

인간의 조건

한나 아렌트(1958), 이진우 · 태정호 옮김(1996), 한길사

한나 아렌트에 따르면 인간의 삶은 작업, 노동, 행위로 나눌 수 있습니다. 작업은 동물처럼 먹고살기 위해 하는 활동을, 노동은 동물과 달리 인간이 의지를 갖고 하는 활동을, 행위는 공동체나 사회를 위해 연대하는 활동을 말합니다. 각각의 활동은 홀로 존재하지 않으며 세 활동이 함께할 때 인간의 조건을 구성하겠지요. 특히 행위가 중요한데요. 공동체나 사회에서 더불어 살기 위해서는 행위가 필요합니다. 언론, 뉴스는 우리가 행위를 할 수 있도록 돕는 소중한 사회적 제도이며 공공영역(public sphere)입니다.

문화과학 55호: 2008 촛불

문화과학 편집위원회(2008), 문화과학사

어떤 이에게 2008년의 촛불 시위는 정당한 공권력을 위협하는 무법 행위처럼 여겨지기도 했고, 또 어떤 이에게 그것은 국민을 대표하지 못하는 정부에 대한 시민들의 직접 소통으로 여겨지기도 했습니다. 의견은 갈리지만 그럼에도 분명한 것은 당시 언론이 제 역할을 하지 못했다는 것입니다. 언론이 적절하게 국민들을 대표했거나 정부를 감시했다면 이렇게까지 많은 시민들이 직접 거리에 나오지는 않았을 것입니다. 과연 그해 여름, 광화문 광장에 나왔던 이들은 어떤 이야기를 나누었을까요? 2008년 여름 촛불 시위를 다룬 계간지 『문화과학』 특집호입니다.

윤리 21

가라타니 고진(2000), 송태욱 옮김(2001), 사회평론

독일의 철학자 임마누엘 칸트는 "타자는 수단으로서만이 아니라 동시에 목적으로 대하라"라고 말했습니다. 남을 이용할 생각만 하지 말고 사람 그 자체를 존중하라는 말입니다. 그런데 가라타니 고진은 칸트의 이 말에서 '동시에 목적'이란 말에 주목합니다. 수단으로 사람을 다룰 수밖에 없는 현실을 일단은 인정해야 한다고 본 것이지요. '사람 그 자체를 존중하라'만 남는다면 그저 듣기 좋은, 하지만 현실적이지는 않은 말만 남을 뿐입니다. 고진에게 다른 이와 더불어 산다는 것은 서로의 모자람을 채우는 각자의 현실적 이기주의일지도 모릅니다.